刚好的孤独 最好的你

从孤独到卓越的成长之路

黄志坚 ◎ 著

北京理工大学出版社
BEIJING INSTITUTE OF TECHNOLOGY PRESS

版权专有　侵权必究

图书在版编目（CIP）数据

刚好的孤独　最好的你 / 黄志坚著. —北京：北京理工大学出版社，2019.2

ISBN 978-7-5682-6512-6

Ⅰ.①刚… Ⅱ.①黄… Ⅲ.①成功心理—通俗读物 Ⅳ.①B848.4-49

中国版本图书馆CIP数据核字（2018）第282055号

出版发行 / 北京理工大学出版社有限责任公司
社　　址 / 北京市海淀区中关村南大街5号
邮　　编 / 100081
电　　话 /（010）68914775（总编室）
　　　　　（010）82562903（教材售后服务热线）
　　　　　（010）68948351（其他图书服务热线）
网　　址 / http://www.bitpress.com.cn
经　　销 / 全国各地新华书店
印　　刷 / 三河市冠宏印刷装订有限公司
开　　本 / 710毫米×1000毫米　1/16
印　　张 / 17　　　　　　　　　　　　　　　责任编辑 / 王晓莉
字　　数 / 190千字　　　　　　　　　　　　 文案编辑 / 王晓莉
版　　次 / 2019年2月第1版　2019年2月第1次印刷　责任校对 / 周瑞红
定　　价 / 39.80元　　　　　　　　　　　　　责任印制 / 施胜娟

图书出现印装质量问题，请拨打售后服务热线，本社负责调换

前言

你可曾为了合群，失去了自我

说到孤独，这似乎是个老调重弹的话题，哲人有关这一话题的智慧见解也是多如牛毛，而且基本都是正面的。这也刚好印证了人类历史以来，"孤独"这一主题对于我们人类的重要性。

对于孤独，谁都不陌生，不管你的性格是开朗，还是内向；也不管你是高官巨贾，还是贩夫走卒，它都与之伴随，只是程度不同而已。孤独感产生的原因有很多，但最主要的莫过于自己的与众不同——自己的外貌、性格、想法、爱好、言行举止，以及"三观"（人生观、价值观、生活观）等，正是这些与我们周遭群体的格格不入，让我们与群体产生隔膜，被群体孤立，孤独感由此而生。

其实，我们每个人生来都是与众不同的，就像世上没有相同的两片绿叶，应该说没人不想做独特的自己，但是我们在成长中，都在"与众相同"的路上走着，其中的主要原因就是害怕被孤立和冷落。因为害怕孤独，于是我们选择从众。结队合群是人的本能，另外，选择从众其实也是在寻找一种"法不责众"的安全感。反之，我们选择坚持自我，群体就会孤立我们，视我们为异类，我们需要承担被嘲笑、打压的风险，这样一来，"被孤独"就成了一件冒险的事。这就是多数人选择从众的根本原因。

有一次和几个朋友从岳麓山下来，又累又饿，想找点吃的临时充饥。名山之下商铺林立，自然不缺吃的，但挑剔的朋友想吃点特别的。举目一望，刚好看到有家商铺前排起了长龙。人多挡住了视线，根本看不到商铺在卖什么。朋友在好奇心的驱使下，加入了队伍，但连问了数人，朋友还是不知到底在卖什么，只是受别人的影响加入了排队。

五十多分钟过去了，终于轮到朋友了，结果却令我们大跌眼镜，商铺门口并没有卖吃的，而是某种产品免费试用体验。这个结果让我们哭笑不得，因为到处都是可以果腹的零食，我们却白白忍受了将近一个小时的饥饿。

这种从众的心理，不仅表现在消费行为上，在我们的人生选择以及价值观等方面都有体现。与生人聊天，我们谈论更多的是"某人赚了多少钱"，而不是"这件事让你有多开心"。其实，成功的标准是多元化的，人活一世，最重要的是要有幸福的体验，多元化的选择才能让人生丰富而多彩。但如果幸福感缺席，你的做法就是本末倒置的，毕竟追求快乐才是本源。

从众的现象在生活各个方面都随处可见，特别是在人际关系中表现尤为明显。谁都年轻过，回想一下我们的大学时光，是否也有过这种矛盾的心理：一方面我们希望彰显自己与众不同的个性；另一方面我们又害怕不合群。就拿一个小小的男生宿舍来说吧，大家谈论的话题是如何打游戏、交女朋友，而你是个有着自己内心世界的人，性格内敛，喜欢安静写作，那你是选择放弃自己的偏好，迎合室友"游戏人间"，还是选择被孤立，在自己的世界里遨游？

两种选择，我都遇见过。几乎每个班上都有过几个特立独行的人，他们外表看起来冷冷的，喜欢独来独往，在人群中显得格格不入。多年后，我见证了他们的梦想成真——那个躲在角落里，成天抱着速写本疯狂涂鸦的"鸟巢小姐"（因为头发凌乱，从不打理而得名），成了备受小朋友青睐的当红漫画家；那个经常半夜里忍不住唱歌，被同学骂成神经病的"音乐疯子",成了某档音乐选秀节目中的黑马;而那个埋头码字,以图书馆为家的"四眼光头"(光头加近视眼而得名),则实现了他的作家梦,更加幸运的是,他的作品曾荣登全国畅销书排行榜,还有作品在海内外出版,这个男生就是我。

我也见过另一类同学,他们有艺术天赋,有人写得一手好字,得过国家书法金奖;有人会唱歌,吉他弹得好,但他们因为害怕被孤立,逐渐在合群中迷失了自己,丢掉了梦想。现在想来,仍然为他们感到遗憾,因为他们并非没有天赋,而是没有坚持自己的与众不同,过早地放弃了。就像我自己写作一样,在我的学生时代,我一直不是佼佼者,却是唯一一个因为热爱而坚持到实现梦想的人。

学生时代的交往如此盲从,步入社会后更是如此。他们强烈地希望扩大人际关系,融入不同的圈子当中,以结交大人物为荣。但这种勉强的合群与融入是完全没有意义的!因为人际关系不等同于朋友,认识大人物,并不代表他们就会成为你的资源。也就是说,你们没有价值的互换,是不会产生任何有实质性的互动,反之亦然。

因此,越成熟越发现原来年轻时努力拓展的人际是没有意义的,只是浪费了我们无比宝贵的时间,以及为融入圈子白白忍受的委屈。我们要明白,不是所有的圈子都要融入,也不是所有的同行人都是朋友。有时候,所谓的合群只不过是画地为牢地相互堕落、相互伤害。勉强融入群体,牺牲会更大。且不说为了合群,牺牲独处的时间,浪费了生命,更为严重的是,我们在融入多数的过程中,放弃了自己的"不同",而这种差异性是每个人立于世上的价值所在。

　　古来圣贤皆寂寞，纵观古今中外凡有一番作为的人，皆是敢于与众不同、有勇气面对嘲讽和打击的人。当今所有优秀的大人物，他们在成功之前，谁又不是不被世人理解的"另类"呢？但可贵的是，他们的勇气和胆识撑得起他们的与众不同，从而成就了辉煌的人生。

人生不可重来，每个人都只能活一次，那何不活出自己的精彩，做一个听从自己内心召唤的人，做一个独一无二的自己。特别是对于正青春的我们，与其浪费生命从外去拓展所谓的人际泡沫，不如从内修炼自己的实力，当你差异化的优势支撑你脱颖而出的时候，全世界的人都会来帮你。

目录 ‖ CONTENTS

第 1 章　别想通过努力融合寻找存在感

人人生来原创，经历多了才成盗版　　002

为何不屑与他人为伍，却害怕自己与众不同　　006

为了所谓的安全感而拼命融入群体　　010

不必勉强融入朋友圈，太多的人际关系只是泡沫　　014

盲目融合最终让你"迷失"在多数之中　　018

融入群体时，也就意味着自己的彻底"葬送"　　022

无谓的合群，是最浪费生命的事情　　026

不合群是表面的孤独，合群了才是内心的孤独　　029

有时努力为集体屈服，却只能让少数人得益　　033

每个人的人生价值，难道只取决于能赚多少钱　　036

第 2 章　孤独，是通往优秀的必经之路

优秀的人，想法总是与众不同　　042

有思想的人到哪儿都孤独　　046

内心越丰富、强大的人，寻求的外援就越少　　　　　050

一切特立独行的人格都意味着强大　　　　　　　　053

越优秀的人，面对的排斥和打击往往越大　　　　　057

主流与非主流，无关对错，只关勇气　　　　　　　061

停止讨好别人！因为你不能拉上别人一起成为巨星　064

第3章　不迎合，敢于选择与众"为敌"的冒险

是什么偷走了你特立独行的人生态度　　　　　　　070

独立，就意味着可能被孤立　　　　　　　　　　　074

特立独行会拉大人与人的差异性　　　　　　　　　077

你的与众不同会触及众人自卑的痛处　　　　　　　081

独特是平庸的眼中钉，两者水火不容　　　　　　　085

"不合群"是一件很冒险的事　　　　　　　　　　089

第4章　在孤独的时光里，雕琢更好的自己

孤独若不是缘于内向，便是缘于卓绝　　　　　　　094

只有独处的时候，你才是真正的自己　　　　　　　098

低质量的社交，不如高质量的独处　　　　　　　　102

艺术注定孤独，合群难免重复 　　　　　　　　105

最孤独的时光，塑造不同凡响的自己 　　　　110

第5章　个性与梦想写在优秀者的基因里

物以稀为贵，人以不同而稀缺 　　　　　　　116

世故不是成熟，独特个性的形成才是 　　　　119

做自己，才是真正的独一无二 　　　　　　　123

差异化就是能让你做到第一名的特质 　　　　127

少有人走的路，往往是离梦想最近的路 　　　132

唯有梦想是你不甘泯然于众的东西 　　　　　137

第6章　冷眼与嘲笑只因别人畏惧更优秀的你

走自己的路，不用在意别人的目光 　　　　　142

人生的所有责难，终将以另一种方式给你回报 　147

把时间用在讨厌的人身上最不划算 　　　　　151

听从内心，别让平庸者的建议使你沦落 　　　155

保持与"众人"的适当距离，屏蔽负能量 　　159

耐心等待，给运气一点时间 　　　　　　　　163

第7章 想让别人都满意，等于捆住了你自己

如果总在乎别人的想法，就会忽视自己	170
遇事不钻牛角尖，人舒坦，心也舒坦	173
别把自己太当回事，你没有想象中那么重要	177
众口难调，你无法让所有人都满意	182
别让患得患失"断送"了幸福	186
别让敏感牵着鼻子走，"钝感"的人最好命	190

第8章 思想独立，才能真正成为一个不可复制的人

盲从者看到的都是"真理"，独立思考的人能看到谬误	196
不会独立思考，只会被人不停洗脑，牵着鼻子走	200
没有质疑过，你也就从未独立思考过	203
所谓成长，就是通过独立思考来自我救赎	207
唯有独立思考才能打破定式思维，找到解决之道	212

第9章 所谓的缺点，不过是别人无法接受的特点

令人难忘的不一定是最美的，而是最有特点的	218

完美的人不如有缺点的人可爱	222
只有心智不成熟的人，才把上天赐予的东西当累赘	226
缺点用对地方就是你的独有优势	229
没有缺点的人往往优点也很少	233

第10章　特立独行的路上，必须规避的雷区

内心可以孤独，性格不可孤僻	238
外在的腔调要靠内在的卓越来支撑	242
特立独行并不意味着目空一切	246
可以有棱角，但不可锋芒毕露	250
在独特与统一、坚持与妥协中自由切换	254

第1章
别想通过努力融合寻找存在感

我们不喜欢落单,害怕被孤立,所以游走于一个又一个聚会,努力融合,努力在群体中寻求共鸣和存在感。殊不知,勉强的融合换不来真正的存在感,赶不走内心的孤独,但它却浪费着我们的生命,使我们丢掉了真实的自己。

人人生来原创，经历多了才成盗版

闲暇常去海边散步，天不凉的时候索性脱去鞋袜，光脚踩着一块块鹅卵石，感受着脚底不时传来的海水的清凉，或者阳光炙烤的灼热。从不担心光着的脚会被划破或者被哪块石头硌疼，因为那些石头无一例外是圆润的、光滑的，没有棱角，没有尖刺。我不知道这些石头从哪里来，又从何时起躺在海滩上，但我知道，它们原来的模样一定是千差万别、遍布棱角的，只是经过海水千百年来的冲刷，并且石头之间不断地相互磨砺，渐渐失去了原来的样子，变成了如今"千石一面"的圆滑光亮。

人亦如此。每个人最初降生到这个世界，都是大不同的，即便双胞胎，外表再相像也会有差异，更别说浩瀚内心世界的千差万别。上天赐予人类如此特质，如果我们能在漫长的一生中守住自己的与众不同，绽放自己的与众不同，那么我们这个世界会有怎样的生动绚丽，流光溢彩？可现实是，大部分人在人生的旅途中，经过岁月、世事的冲刷之后，逐渐放弃了"自成一格"的"原创"，由一块块外形迥异、棱角分明的"山石"逐渐成了毫无个性可言的"圆形卵石"，活成了一个模子出来的大众化的"盗版"。

诚然，作为群居动物的人内心有着天然的趋同性和结群的本能。随着社会实践和阅历的增加，每个人会不同程度地被其所置身的群体的共性同化，大家下意识地遵从这个群体约定俗成的意识、规范、准则、规矩。但是，遵从群体的共性，并不等同于彻底妥协，放弃自我。古往今来，那些为数不多的，能够在各个领域创新、创造，推动社会发展的卓越的人，往往是能够坚持真我，做到与众不同的人。

而我们之所以成为"盗版"，最大的冲刷力是畏惧心。畏惧什么呢？畏惧表现出与众不同而被这个群体排挤、打压，受不了周围投射过来的异样目光，害怕落单，害怕不被他人接纳和认同。

因为害怕落单，上学的时候，你周围要好的同学都喜欢TFBOYS，你明明不喜欢他们，却为了不被同学批判和孤立，而假装喜欢，逼着自己每天和他们一起听那吐字不清的歌。

因为害怕落单，工作了，同事们下了班去酒吧喝酒，而你极想回家看书，却害怕同事说自己清高、不合群，委屈自己强颜欢笑加入他们……

想在自己负责的工作中有所突破，却担心失败了招致领导批评，而最终维持原状；想听从自己的内心，按照自己的方式生活，却害怕被说成是特立独行，而只能在心里想象……渐渐地，为了减少这种恐惧，为了"合群"，我们一次次选择放弃自我，放弃当初的梦想，活成了大家眼中那个"正常的"自己。

让我们活成"盗版"的另一个"罪魁祸首"是我们内心的不独立、无主见。我的表妹有一句口头禅:"大家都这么说呀。"她用这句话来佐证自己说的是对的,自己这样做是有道理、有依据的。可是,大家说的就一定是对的吗?大家都这么做,我们就也该这么做吗?这是典型的内心不独立的表现。可有意思的是,很多时候,我们特别容易因为大家都这么说、大家都这么做,而放弃自己的想法和做法。

想起上学时候,同学们喜欢几个人搭伴一起去买衣服。试穿衣服的时候,怎么都觉得这衣服不适合自己,可伙伴们都说:"好看,这衣服特适合你。"经不住"大家都这么说",于是头脑一热付钱买下来。可回来后每次穿这衣服,总有说不出的别扭感觉。因为内心不独立,别人的说法、看法就会很容易影响自己的判断,改变自己的意念。人云亦云的结果是,我们越来越没有自己的观点,越来越失去独立思考的能力和习惯,久而久之,也就越来越找不到那个真实的自己。

没有主见的人,可以说是构成"盗版人生"的大部队。因为没有主见,在做决定或者做选择的时候,他们往往犹豫不决,总是担心自己做出的决定和选择是错误的,所以这部分人凡事喜欢征求别人的意见,然后拿着别人的意见当令箭，去安排自己的工作和生活。因为没有主见，他们常常不自信，别人说什么就是什么。也更容易囿于权威，迎合别人。这样的人，在职场中，很难成为领导者，也很难成就什么大事业，想要他们与众不同，实在太难。

还有的人从心里喜欢做"盗版"，并且极其喜欢踩着别人的脚印，亦步亦趋复制别人的人生。为什么呢？因为在他们看来，这样做第一是可以降低失败的风险，别人成功的经验、失败的教训，自己都可以拿来借鉴，别人走过的弯路自己可以绕过去，别人踩出来的坦途，自己可以大步向前；第二，做成功者的"盗版"，不需付出太多，却更容易接近成功。看看当下炙手可热的明星模仿秀，那些把某某明星模仿得惟妙惟肖的人，走到哪里都能很轻易地收获掌声和鲜花，看似实现了其设定的成功，可是，他们忘了，模仿得再像，也只是一个复制品，永远成不了那个被模仿的人。相反，他们在模仿中迷失了自己，在别人的光环下，无法找到真正属于自己的路。

行文到此，也许有人会问是不是跑题了，因为说到了无法独立、没有主见和盲从造成了"盗版"的局面，其实，内容没有走偏，"盗版"的根源还是在害怕孤独之上，因为一个懂得孤独妙处的人，内心自然是强大的。因为害怕孤独，内心强大不到足以驾驭孤独，容易被外在的热闹诱惑和影响，从而从外寻求存在感。这样就动摇了坚守原版的信念，年岁越大，人生的版本越雷同。经历越多，离那个鲜活的"自己"越遥远。

为何不屑与他人为伍，却害怕自己与众不同

在通往与众不同的路上，几乎每个人都心存恐惧。小到害怕自己的喜好和朋友有差异而被排斥于圈子外，大到恐惧自己的梦想与众不同而成为众矢之的，被大众嘲笑。为什么我们心里住着一个与众不同的自己，却又害怕让这个"自己"裸奔于众人前？

如问题本身，它彰显的正是当事人一种常见的矛盾心理：一方面不想泯然于众，另一方面又害怕落单被排斥于外。这种纠结的心理正表现出当事人的一种极不稳定的情绪状态，一方面想保持自己的清高，另一方面又害怕孤独，而又无法掌控自己起伏的内心，紊乱无序地不断寻找一种救命稻草。

我有个大学女同学叫凌雪，她是典型的学霸。我羡慕她的成绩，她却说，她内心有着深深的自卑，从小学到中学，再到大学，她一直都不快乐。原因很简单，她太好学，和周围打打闹闹、嘻嘻哈哈的同学格格不

入,大家都疏远她、冷落她,甚至有人嘲讽她:"你跟我们不一样,你是考清华北大的材料,别跟我们混在一起,免得耽误了你的大好前程。"所以,十几年的求学生涯里,凌雪常常形单影只,一个人去食堂打饭,一个人坐在角落里看书,一个人下了晚自习穿过黑漆漆的操场回寝室。她尝试过改变自己,努力融入叽叽喳喳的女孩子群体中,可是没坚持多久,她就受不了那种无趣和浪费时间的罪恶感,又回到书本的世界里。

我说:"你这么好学,落单不是可以为你赢得更多学习的时间吗?这是好事。"凌雪说:"是的。可是,你知道吗?在一个集体中,不被这个集体容纳,你的心里会没有归属感、没有存在感的。"这一点,凌雪说中了人的社会性、群居性的本能心理需求,也回答了本小节开头的问题:为什么很多人不屑于与他人为伍,却又害怕自己与众不同?

人类选择群居,共同抵御外在危险,保护群体中的成员,最初是出于生存的需要。置身在群体中的每个个体都获得了生存的安全感,继而获得精神上、心理上"相伴而行"的归属感。就如同走夜路,一个人和一群人走,心理感受是截然不同的。

人们不喜欢被隔绝于群体之外,除了安全感还有对认同感、存在感的需求。我们做一件事情,如果有很多人认同,并给予肯定和赞赏,就会很有动力和信心;反之,我们自然是沮丧的,甚至很轻易就会放弃。所以,为了获得认同,我们做什么事、说什么话,总会在心里想别人的感受会怎样,看法会怎样,当意识到自己的做法可能和大多数人的看法、意见相冲突的时候,我们会出于压力放弃自己的想法,选择跟大多数人意见一致的做法。

以上是群居动物共性的东西。具体到个人，还有这样那样具体的原因，比如内心柔弱、感性的人，对情感需求强烈的人，大多没有与众不同的勇气；知识体系凌乱、缺少见识和阅历的人，也很容易受群体的影响，从众倾向较强；太看重自己在别人眼中的形象，太在意别人对自己评价的人，自是不敢特立独行、与众不同；还有，囿于权威的人，不敢坚持自己观点的人，很容易随风倒，随大溜……

可是，这种跟从群体共性的表现越突出，个性的压制就越明显。当个体丧失了自我，又何谈安全感、存在感？人人都从众，在虚假的热闹和合群中泯灭个性，扼杀独特和创新，个体的人生还有何意义？人类社会还如何发展？

个性和共性要和谐共存于我们的身上，在保持群体的一致性的同时，做独一无二的自己，不泯灭个性，但也不丢弃共性。

我常常以棉花糖和串棉花糖的木棍来比喻人的共性和个性之间的关系，棉花糖代表共性，木棍代表个性。两者最佳的状态就是，木棍有三分之一的部分串入棉花糖，两者虽融合，却又相对独立。如果木棍全部穿入棉花糖内部，那木棍就完全失去了自己。而如果木棍为了彰显个性，从棉花糖中完全脱离出来，那它就会脱离棉花糖这个大的群体。其实，每个人都有一个与众相同的自己，和一个与众不同的自己，两者所占比例有最佳值，高智商、高情商的人，能够游刃有余地使两者平衡，既能和众人同行，又能活得与众不同。

凌雪后来去了美国读博士，她给我写信说："或许是成长后的顿悟，或许是环境的改变，想起过去郁郁寡欢的自己，她觉得很傻。干吗要逼着自己去跟自己聊不来的同学假意亲密无间？吃个饭遛个弯儿干吗一定要有人陪？干吗非得要别人接受自己的生活方式？干吗那么在意别人看自己的眼光……一概没必要。聊不来就不聊，看不惯就不看，一个人独来独往不是清高，不合群说明我们本就不属于一个群体。为了合群，磨灭自己的个性，牺牲自己的快乐，最是得不偿失。"

我微笑地看着这些文字，心想：她终于坦然做那个与众不同的自己了。

其实，所谓的归属感、安全感、存在感不是依从于群体就能获得的，而是来自本身强大的内心。敢于在人群中发出与众不同声音的人，敢于力排众议、特立独行的人，越是受人非议、冷落、排挤，越会奋勇向前的人……他们的归属感、安全感、存在感，都满到爆表。

为了所谓的安全感而拼命融入群体

先来说说,我们拼命融入群体之后,能够体验到怎样的安全感。

首要的是被群体接纳和认可的安全感。大多数人不喜欢被群体孤立,那些落单的人,无论小孩还是老人,都会不同程度地感到孤独和不快乐。在电影《杀生》中,黄渤饰演的"小混混"牛结实,因为其父亲是外来户,自己作为第二代外来者而不被小镇接受。为了改变镇民对他的孤立状态,为了让镇民注意到他的存在,从中获得所谓的安全感,他用激进的方式做了许多非同寻常的事情:给村里年过百岁的祖爷爷喝酒,无视族规救下要殉葬的寡妇,在村里的水源中放催情药……他的这一系列举动的确获得了镇民的关注,可也引发了人们对他更大的孤立,乃至憎恨。人们视他为破坏稳定、惹是生非、无视规矩的泼皮,并对他进行集体式的驱逐,于是有了"一群人杀死一个人"的"杀生"行动……在一个人对抗一群人的过程中,牛结实从表面看起来的放荡不羁到惶恐无力,最终即便有小孩

明确无误地告诉他，一切都是镇民联合起来"杀"他的阴谋，他根本没病，但牛结实依旧以自我放逐的方式，让自己在被孤立的孤独中死去。可以说，是小镇对他的不接纳，让其在做出种种努力之后，哀莫大于心死，内心的绝望和不安全感，让他放弃了继续活下去的欲念。

可见，人们对融入群体带来的安全感充满了渴求，当被一个群体看作"自己人"和周围的人建立起看似一路人的融洽关系的时候，个体的内心才会感到踏实、安全。

合群的安全感还表现在：群体的一致性往往会给人一种心理定式，即大家都在做的，一定没错；大家都这么认为，一定是对的。尤其是在面对我们并不熟悉和了解的事物的时候，这种心理定式尤为强烈。举个例子，你去一个陌生的城市旅行之前，会在网上查一些酒店的信息，选择自己想要住的某一家酒店。这时候，你选择的标准是什么？我想，绝大多数人会选择评论数量多的那一家。理由是：这么多人都选择了这家酒店，那么它的条件一定不错。类似的情景还表现在高考选择专业上、毕业后选择职业上，那些扎堆考热门专业、挤破头也要去热门公司的人，不也是抱着"大家都喜欢这个，这一定就是好的"的心理吗？那么，在这种心理定式作用下，我们做着大多数人都在做的事，并从中获得安全感。反之，若产生与众不同的想法，心里则会不安，会对自己质疑：这样做对吗？

另外，我们都知道，简单的顺从、跟从、服从群体的决定和意见，是轻松的、容易的，不需动脑费心去判断、权衡。所以，少数服从多数，成了合群的一条准则，也成了获得安全感的捷径。

可是，我们拼命想要融入的群体，一味追求的"安全感"真的就安全吗？实不尽然。

那一个接一个的饭局让自己疲于应付，为了合群而不敢拒绝；在一群畅聊着自己不感兴趣的话题的朋友中间，为了合群而强迫自己，假装兴趣满满地加入其中；明明不喜欢看电影，被大家拽着往外走，弱弱地说："我想在家看看书。"马上有人说："哎呀，你这人怎么这么不合群？"你立马缴械投降，僵硬地坐在电影院黑暗的一角，看着朋友们吃着爆米花，喝着果汁，津津有味看着屏幕上不知所云的吵吵闹闹，你内心升腾起的是无奈和孤独；明明想提交辞职信，做点自己想做的事，可是周围人都给你泼冷水，告诉你不要冲动、不要太另类……这个时候，你内心还能感受得到安全感吗？恐怕，是那个微粒一样的小我被委屈、被淹没的窒息感、无力感、迷茫感更多吧？

不是所有的群体都适合我们，盲目追求所谓的"合群"，往往因为合而不同而落得个心累。安全感，似乎早已隐遁到这个"累"字身后了。

靠从众随大溜，做大家都在做的事，和群体成员保持一致换得的安全感，是不牢靠的。且不说大家都在做的事不一定就都对，看看历史上那么多群体事件最后导致的灾难，就知道所谓的"大家都这样就没有错"是怎样一种想当然的逻辑错误。比如说，高考后考生都选热门专业导致录取分数出奇的高；毕业后毕业生都往热门行业钻，结果屡屡落聘，兜兜转转找不到工作；结婚后扎堆生龙宝宝、虎宝宝，导致幼儿园入园难，小学入学难；大家都开网店赚钱，于是网店一夜之间开遍网络，可翻看淘宝网店的销售记录，有多少网店一个月的销售额是零……众人的标准不一定适合自己，群体的喜好不一定符合自己的口味。跌跌撞撞的盲从之后，所做的可能并不是自己喜欢的，所追逐的并不是自己想要的。这个时候，你是否还能体会到随大溜的安全感？

少数服从多数换来的安全感，更是海市蜃楼。选择服从，放弃坚持自己想法的那一刻，内心其实是委屈的、不甘的。服从之后，也会感到被束缚、被胁迫，时不时冒出不情愿。久而久之，你可能会彻底放弃自我，变得毫无思想、不问对错，只是跟随大众走完这一趟，不出众但也不吃力、不遭罪。

说到底，费劲合群换来的安全感，是靠不住的。真正安全、稳定、靠谱的安全感，其实源于我们自己的内心深处，那是来自对自己的信任、欣赏。自己给自己的安全感，才是真正的安全。

不必勉强融入朋友圈，太多的人际关系只是泡沫

曾有一个女孩跟我讲起她的交友苦恼。

她说，自打上幼儿园起，她一直都是大家眼里不合群的内向小姑娘。她没有朋友，没有玩伴，像一只孤独的小蚂蚁，毫无存在感。看着身边那些活泼开朗，每天被一群人簇拥着，深受大家喜欢的女孩，她既羡慕又忌妒。自己也想融入其中，成为大家关注的中心，却只能在心里想想。

直到考上大学，多姿多彩的大学生活给这个女孩打开了一扇通往多元世界的窗，压抑在心里的交友愿望无比强烈地蹦出来。她像变了一个人，什么老乡会、社团活动、周末联谊，都能看到她的身影。很快，她的身边聚集了一群朋友，这让她觉得原来自己也能成为被簇拥的中心。最让她自豪的是，她的QQ好友达到700多人，居全班之首。由她建立的QQ群也有十几个，在这些群里，作为群主的她，毫无疑问是大家的中心。

女孩很开心，觉得朋友越多越能说明自己人缘好、受人欢迎。基于这

种想法，她越发热衷于交际，只要有人约，哪怕手头有事，也会毫不犹豫应约前往；别人有事找她帮忙，更是从不拒绝；和谁交流都热情有加，哪怕前一分钟是陌生人，后一分钟就如故交……

这种生活状态耗费了女孩太多精力和热情，她几乎没有属于自己的时间。可她得到了自己渴望得到的东西吗？当她考研失败，一个人躲在被窝里哭泣的时候，她翻遍电话本，发现居然没有一个名字能让她有拨过去一泻苦恼的欲望。在众多活跃热闹的QQ群里，她选择了静默。更让女孩颇感受伤的是，当自己经济上需要帮助的时候，她以为一定能伸出援手的朋友，却一个个以各种理由拒绝了她。她既伤感又疑惑，想不通为什么不合群的时候，自己是孤独的，现在不仅合群，而且合了很多群，有了很多朋友后，自己还是孤独的？

其实女孩的问题在于与人交往中过于追求朋友的数量，而忽略了质量。看起来有很多朋友，融入了很多圈子，可是真正跟你合拍、与你交心，同时一起成长、一起分享快乐、一起共担痛苦的人，几乎没有。微信群、QQ群里的热闹，不过是泡沫而已。与其去做无效的社交，不如享受自己孤独的时光，哪怕只是静静地待着，也是极好的。

朋友多，不代表你就有真朋友；很合群，不意味着你真的开心快乐。初出校门的时候，我也曾羡慕那些社交达人，觉得他们很能干，可以有那么多朋友。但渐渐地，我看到了这种喧闹夹杂着的虚假，看到了升腾的泡沫，也看到了这些达人们不为外人道的苦闷和疲惫。

你可以检查一下自己的朋友名单，检视一下自己置身的圈子，看看其中有多少人际泡沫存在。

那些充斥着负能量、和自己不合拍的群体，以及那些根本不熟悉，甚至看到名字都想不起面貌的朋友，只限于朋友圈点赞的朋友，只聚集在酒桌饭局麻将机旁的朋友……都是一个又一个很轻易就会破裂的泡沫。而我们很多时候没有意识到这些，或者像上文那个女孩那样，认为朋友多就是人缘好；或者抱着"朋友多了路好走"的想法，认为积累人脉就是积累走向成功的资本，而极力去"合群"，去拓展朋友圈，并花大气力去维护，经营这掺杂着太多泡沫的人际关系。

事实是，如此人际，既没让自己觉得人缘好而面子倍增，也没让自己行事方便。有的只是花费时间和精力周旋于形形色色的群体之间。所以，合什么样的群，交什么样的朋友，要懂得取舍，要重质不重量。哪怕一个值得交的朋友都没有也无妨，宁缺毋滥，与其花费大量时间刻意强求，不如在孤独中丰富自己。

物以类聚人以群分，远离不适合自己的圈子，远离那些注定跟你走不到一起、做不了朋友的人。如此，我们会发现，自己的人际圈子清爽了，内心轻松了，快乐增多了。少了不必要的应酬、迎合、委曲求全，我们才能有更多的精力和时间去维护那些真正值得为之付出心力的人和事。

交友需谨慎，不求多，只求精；圈子有清浊，不必担心落单、不合群，无效能、低质量的圈子，不合也罢。和勤奋的人在一起，你也不会懒惰；和优秀的人在一起，你也终将不凡。置身于虎群中，你必具王者之风；位列于雄鹰阵仗，你也必将振翅翱翔……

盲目融合最终让你"迷失"在多数之中

合群，从字面理解，就是融入一个群体，而群体则是指聚集在一起的同类人。既是同类人，就会有很多共同点，也就是说，群体成员在思想和行为上有很大的一致性。因此，合群，最根本的一点，就是具备与该群体里绝大部分成员相似、相近的思想和言行。或者，在群体成员的日益影响下，日渐和他们的思想、言行一致。一言概之，就是害怕"不一样"的孤立感，只有"一样"才让人产生安全感。这就意味着，盲目合群后，一个与众不同的你，将逐渐"迷失"在多数之中。这是很可怕的事。

多年前曾看过的一档娱乐节目，给我留下了深刻的印象：节目中，摄制组包下一处高档餐厅，在清退了所有食客后，又安排了一些演员扮作食客，他们清一色穿着雨衣、戴着墨镜吃饭，并在进食过程中不时做一些搞笑且无厘头的动作。不一会儿，有不知情的顾客进入餐厅，面对这不合常理的进餐场面，他们先是迷惑，继而很别扭地坐下来吃饭，还不时用诧异不解的目光扫视周围那群打扮和举止怪异，但动作似乎整齐划一的人。最终，在经过观望和犹豫之后，他们也相继穿上了摄制组事先准备好的雨衣，戴上墨镜，并跟着一起做那些毫无道理可言的奇怪动作……

看节目的时候，我无法理解，明明是荒谬的言行，那些顾客却还跟着做。但事后静下来回想，如果是我们置身其中，难保不和那些人一样。因为群体的一致性对个体心理的影响力实在是不可小觑。

社会心理学有一个很著名的有关群体压力的实验。9个人被同时带到一个屋子里，依次坐下后，有研究人员进来跟大家说："现在，我们来做一项关于视觉感知的研究。大家前面有两块黑板，左边的黑板上有一条固定不变的直线，右边的黑板上会出现三条长短不一的直线，请大家经过观察后，告诉我右边黑板上的三条直线中，哪一条直线的长度和左边黑板上的长度相同。"听起来很简单，即便几岁的小孩子都能做得到。

实验开始了。第一轮，研究人员在右边的黑板上挂出三条直线，和左边黑板上的直线并列摆放。从坐在第一把椅子上的人开始，大家按顺序依次站起来回答：第一条直线。不到1分钟，9个人回答完毕。因为事实简单明确，谁都看得出，的确是第一条直线和左边的直线长度相同。

第二轮，第三轮，流程不变，回答者顺序不变。但三轮过后，事情发生了一些变化。研究人员挂出的三条直线，很明显是第二条直线长度和左边的直线相同。但第一个座位上的人站起来，毫不犹豫地依旧说：第一条直线，而且语气坚定。奇怪的是，竟没有人感到惊讶，也没有人纠正他。就连研究人员也没有一点异样的反应。更不可思议的是，随后的第二个人，第三个人……也都毫不犹豫地站起来说：第一条直线。始终没有人提出异议。仿佛，答案真的就是"第一条直线"。

轮到第七个人回答了。他迟疑着站起来："不是第二条线吗？怎么都说第一条？难道我眼睛不好使了？我坐的地方不对，看黑板的角度出问题了？我说第二条吗？不行，他们都说第一条，他们不可能都出错吧？万一我跟他们说得不一样，他们会不会笑我？研究人员会不会生气？"就是这迟疑，一千个问题一齐蹦出来，他不安地左顾右盼。最终，他吞吞吐吐地回答："第一条直线。"

其实第七个人不知道，这并不是一项关于视觉感知的测试，而是为了验证群体一致性对个体影响的力量。除他之外，其他回答问题的人都被事先告知，要给予相同的错误回答，借以测试第七个人面对群体压力时的反应。而接受这个测试的被实验者，高达75%的人选择遵从群体意见。即便知道那是错误的回答，为了不凸显自己的与众不同，也只好"要错大家一起错"。

若只有一个人辨认那条长度相同的直线，我想，他不会因困惑而无法给出正确的答案。反之，身处群体中，他就开始怀疑自己了。

而我们在日常生活和工作中，不知道有多少次也是这样被群体的意见左右，变成了一个没有思考能力的人。

对一个群体不加审视地、盲目地融入，其程度越深，被大众观点牵着鼻子走的状况越严重。久而久之，自己的判断力、独立思考的能力下降不说，还会使我们变得懒惰和懈怠。如此下去，你终将被牢牢规范在这个圈子里，完全丧失创造力和超越自我的能力。

如果不想走这样一条路，那就保持独立清醒的姿态，只合精品的群，且合得亲疏有致。当发现自己有被群体掌控，有所迷失的时候，那就勇敢地跳出去，大声说一句："我有自己的想法！"

融入群体时，也就意味着自己的彻底"葬送"

女儿小卷子在玩橡皮泥。她把一块不规则形状的橡皮泥按进一个模子里，那些不听话的、在模子外面的边边角角，被女儿一点点地抠了下来。橡皮泥的身躯渐渐和模子契合，最终严丝合缝地被装进了模子。被拍到桌子上时，这块橡皮泥已毫无先前的形状，变成了模子规范出的、女儿想要的模样。

这块橡皮泥像极了那些把自己拼命塞进一个圈子里的人。为了融入一个群体，他们不断调整自己，把方变圆，把圆挤成方，磨平棱角，削掉尖刺……在这个调整的过程中，他们与众不同的面孔一点点变得模糊不清，鲜活迥异的个性一点点失去自己的颜色，直到他们真正像一个模子里刻出来的，成为群体中的一员，那个与众不同的"自己"就彻底消失了。如同曾经风靡的俄罗斯方块游戏，各种小方块不断变化自己的身姿，合群后就消失不见。

我们用失去个性换来共性，去刻意合群，可真正融入群体成功时，我们快乐吗？把自己葬送在来时路上，我们还能做什么？

小侄女大一放寒假回家，跟我聊起对大学生活的感受，说起各门课程、各科老师，小侄女满脸放光，可当我问她和同寝室的同学相处得怎样时，她的表情瞬间黯淡。小侄女说，她寝室加上她总共四个姑娘，"很不幸，我跟她们三个一点都不合。"那三个女孩，一个喜欢网上购物，每天都有快递包裹送来；一个喜欢抱着笔记本追韩剧，常常看得哭一阵笑一阵的；还有一个则痴迷玩网络游戏。总之，三个人是不折不扣的"电脑依赖症患者"。虽然三个女孩偏好不同，却挺有共同语言。这个网上挑衣服，另外两个得空就凑过去帮着参考；那个看韩剧看到动情处，会暂停叫上另外两个过来一起看，三个人还边看边发表评论；玩游戏那个更不用说了，闯关过不去，随时叫上其他两个帮忙……

小侄女呢，保持着高三时候的学习热情，每天回到寝室，看书、背英语单词、画画。偏偏其他三个人嘻嘻哈哈、说说笑笑，这让小侄女有找个墙缝钻进去寻个清静的冲动。其实这也没什么，大不了戴上耳机，放段轻音乐。最让小侄女受不了的是三个女孩对她的讽刺挖苦。她们叫她书呆子，说她是奇葩，只知道死读书。三个人一起出去吃饭、逛街、看电影，很少叫她一起去，有时还不忘丢下一句："我们这些俗人不打搅你学习了。"

她们对她的孤立渐渐从不一起活动，到不跟她说话。有一段时间，三个人本来聊得不亦乐乎，小侄女推门进来，三个人立马交换眼色，不再出声，但每人的手机微信提示音不时滴滴响起，三个人相视而笑的表情，似乎一切尽在不言中。小侄女知道，她们为了不让自己听到其谈话，转用微信聊天了。

这让小侄女很难受，正处于对友情十分渴求的年纪的她，哪受得了如此被冷落。为了改变这种局面，她试着靠近三个女孩，努力示好。装作对她们的偏好感兴趣，想和她们有一点共同话题。于是，她和她们一起逛淘宝、追韩剧，就算对网游一窍不通，也试图弄懂一星半点，以便能听懂她们在聊什么。这样做似乎颇有效果，四个女孩每天有说有笑，弥漫在她们之间的僵硬气氛也日渐散去。

"可是，您知道吗？我是合群了，不再被孤立了，可我一点也不开心！"小侄女大声说，"淘宝有什么好逛的，我没有那么多东西要买；韩剧有什么好看的，看多了情节都一样，纯属浪费时间；网游就更没劲了，一点智慧含量没有……我每天跟她们一起做着这些无聊的事，消耗着大好时光，真是烦透了！"

的确，因为你本就跟她们不是一群人，为了跟她们合群，曲意迎合她们，改变自己，看似合群了、和谐了，实际内心有太多的不适感。你讨好了大多数人，却委屈了自己。你迎合了这个群体，却在迎合中放弃了自我。所以，纵然你已成功融入了这个群体，可是，你不快乐。

道不同，不相为谋。面对不适合你的圈子，越努力融入，就意味着自我被切割得越多，自我"葬送"得就越彻底。如果刻意要求自己完全适应别人，为了迎合别人而放弃自我，就是对自我的漠视和不负责任。如此合群，既浪费时间又备感心累，更重要的是，你的梦想、你的人生目标、你最初设想的生活方式，都因为自我的迷失而交付给过往了。这会是你为了合群而合群的最大损失。

在任何环境中，都不要为了迎合、将就别人，而丢失自己。我们不是人民币，不可能让所有人喜欢。努力做好自己，尊重那个与众不同的自我，喜欢自己的自然喜欢，不喜欢自己的，说明不是一路人。渐渐地，你会吸引喜欢你的，同样优秀的同行者，适合你的圈子自然形成。

小侄女和我聊完之后，意气风发地回了学校。几个月后，她给我打电话说，当她把视线从小小的寝室跳出去，她发现班上、系里有很多和她一样爱学习，苦于没有伙伴的同学。她在图书馆、自习室，认识了很多和她一样在寝室里被孤立，内心很苦恼的朋友。"原来，这才是适合我的群体，这个群体，不用刻意去合，自然就融入其中了。"

生活就是这样，只有适合自己的群体，才不必刻意去融合。

无谓的合群，是最浪费生命的事情

当人们把"合群"看作"人缘好""人脉广""情商高""交际能力强"等听起来充满积极意义的一件事，在很多人热衷于合群，把自己修炼成"社交达人"的时候，我却认为，无谓的合群，实在是最浪费生命的事情。

最显而易见的，是你要投入大量时间去合群，去维护和群体成员的关系。为了和他们打成一片，你不得不去做他们喜欢而你并不感兴趣的事情；为了增进和他们的感情，你不得不花时间去和他们在一起经常交流。所以，一起吃饭、一起逛街、一起打牌，搞个派对，来个狂欢……便成了合群的必要手段。

可是，这些活动随便拎出一个，没有三五个小时根本不可能抽身。若你圈子多，很合群，那么就要每隔几天，甚至每天都要拿出不算短的时间，去参加这样的群体活动。一天24个小时，除了吃饭睡觉等必需耗费的时间，还剩多少时间可以用来做正事呢？倘若再被这样的群体活动耗费掉几个小时，那真是所剩无几了。

有人会说，我参加这些活动，也是有收获的。细算一下，你那些收获可能三五分钟就可以完成，而你却付出了三五个小时。比如参加饭局，往返花在路上的时间，少说三五十分钟，多则一两个小时，若再遇上堵车，就更无法估算白白浪费的时间。到了饭店，不会马上开饭，若有迟到的，更需要等。稍一拖延，半小时的工夫一眨眼就没了。终于可以吃饭了，可是这个敬一杯，那个来个祝酒词，一轮下来，又不知要多久。集体举杯喝过，还有个别感情深的，要单独碰杯，说点热乎话。这时候，你也要在旁边赔着笑脸。席间少不了交流，可是，酒桌上说的话，除了打哈哈、闲聊、套近乎、吹牛等外，能有多少有价值、有意义的东西？

可见，合群投入的时间、精力成本很高，但所得极低，如此不对等的买卖，若每天都做，到人生暮年，岂不是亏大了？

除此，合群还有两个隐形浪费：其一，你合的群体若整体素质不高，或者和你自身价值观不同，那么你置身其中，只会被他们拉下水，阻碍你的提升自我。其实很多时候，群体对一个人的影响是不容小觑的，若不脱离，很快就被同化，变得和他们一样了。所以，合进这样的群体里，无疑是对生命的浪费。

其二，俗话说，人多好办事，可在合群这件事上，很多时候人多嘴杂，反而使办事效率低下。因为合群，身边跟你投缘的朋友自是不少，遇事总喜欢集思广益，这样就会有多种方案，你就要花更多时间去选择，这个过程是对生命的浪费。当然，不是说遇事就不应该找人商量，那也太过于绝对。只是要找对人，要找有见地、有思想、有头脑的朋友，一两个足矣。何必合群，何必泛泛求助，既浪费了时间精力，又换不来深度、精准的建议。

总之，无意义的、低效的合群，只会耗费大量的时间和精力，内耗向上的动力，分散做事的专注力，实属对生命的浪费。还有，为了合群而放弃自己的个性，为了迁就别人而委屈自己，为了合群而盲目从众的不当消费导致经济上的浪费……这些掩藏在合群的热闹背后，不易被人察觉，却会给你的人生带来难以弥补的损失。

人生苦短，与其刻意合群，不如努力提升自己。德不孤，必有邻。自己强大了，自然会吸引和自己同频率的人和你结群。而自然结的群是不需刻意投入心力去经营的，也不需要委屈自己假意迎合别人，这不仅不会空耗你宝贵的生命，而且会提升你的生命质量。

不合群是表面的孤独，合群了才是内心的孤独

你有没有这样的时刻。

在酒桌上，大家推杯换盏口若悬河，你假装听得兴致勃勃，内心却焦躁不已，一次次偷偷看时间，想尽早离开，却又不好意思说出来。

在聚会中，大家三五成群聊得不亦乐乎，你也和坐在对面的朋友微笑交流，但轻松愉悦只是表面，其实内心里你很累。

在歌厅里，大家点歌的点歌，喝酒的喝酒，玩得无比投入和开心，而你坐在暗影里，只觉得到处是吵闹和聒噪，心里只想赶紧结束，回家看书写字，静静地做自己喜欢做的事。

在旅行的队伍中，大家兴奋地谈论着一路看到的风景，你却因一路心不在焉似乎什么都没入眼而插不上话，其实你只是想赶紧结束旅程回家钓鱼，因为那才是你最大的爱好。

……

场合不同，但都是热闹、喧嚣的，你看起来都是合群的，但内心是怎样的体味呢？孤独。是的，并不是一个人独自待在一个空旷的房间里，一个人行走在深夜凄冷的街头，一个人游逛在商场，一个人看一场电影才叫孤独。这些，充其量只是表面的孤独，或者说叫孤单。可身边熙熙攘攘、热热闹闹，有人跟你握手，有人跟你攀谈，有人陪你喝酒，有人邀你跳舞，但你内心却只觉得与他们格格不入、无话可说，这才是真正的孤独。

不合群的人看起来形单影只，独来独往，大家会说这个人是孤单的。这个人或者受不了人们像看怪物一样看自己的异样目光，或者的确不能忍受这种一个人吃饭、睡觉、工作、学习的孤单，内心的空虚寂寞驱使他努力与他人交往，去参加各种社交活动，期望以此甩掉孤独。

可是，如果一个人内心不够充盈和强大，精神没有深度和高度，他用来合群的方式往往流于平俗，甚至会陷进声色犬马、纸醉金迷之中。他误认为"觥筹交错，起座而喧哗者，众宾欢也"便不会有孤独，所以，他成了酒局、牌局上的常客。他误认为，独处就是孤独的代名词，都是不合群的象征，所以他把呼朋引伴，结伴而行当作抵挡孤独的有力武器……

这样低质量的合群或许让他一时得到了快餐式的浮华快乐，可是耗费精力和时间的享乐型娱乐方式、过度社交导致独处时间的缺乏，会让他变得浑浑噩噩、不思进取，甚至停止个人发展和提升的脚步，最终带给他的会是最深的懊悔、自责和孤独。

有思想、有甄别能力的人，不会选择平俗的合群方式，但在努力融入群体的过程中，总要有压制自己去迎合别人的时候，在不得不对自己做出一些改变和让步时，内心是不快乐的。在假装很合群的过程中，内心依旧是孤独的。

所以，不合群只是孤单，而无意义的低质量合群，是真正的孤独。我们从小到大被教育着的"要合群""要多交朋友"只是注重表面的谬论。每个独立的生命都摆脱不了孤独的陪伴，没有人能真正读懂我们的内心，合群与否都改变不了这个事实。

我们要学习的不是如何通过合群排解孤独，而是要学会享受一个人的时光，学会利用孤独充实自己。在这方面，我很欣赏李白。在他豪放洒脱的外表下，掩藏着一颗孤独的心。但他对待孤独很是洒脱，"花间一壶酒，独酌无相亲。举杯邀明月，对影成三人。"在他的诗里，孤独都是那么的充满诗意，那么的有滋有味。他对孤独的享受和利用，成就了他流传千古的名诗佳句。

从这个角度讲，孤独是一种财富，一种让我们变得优秀、独特的资源。一个到处凑热闹的人、没有独处时间的人、耐不住寂寞的人，怎么可能有定力静下心来修炼自己、充实自己。而勇于直面孤独的人，会在独处中与自己的内心对话，不断学习，不断思考，不断提高自己。可以说，孤独是通往优秀的必经之路。

所以，把到处交际的时间省下来，留给自己好好独处。捧一杯咖啡，读一本很早就想看却一直没有翻开的书，听一堂对自己工作很有提升作用的网课，写上几行字整理一下自己的思绪，听一曲舒缓的音乐让心沉静……很多创意、创新的灵感，会在静谧的独处中，在自我放松的状态中喷涌而出。那时，你还会觉得孤独吗？

当然，这并不是说我们就应该因此抵触社交，拒绝合群。在这个人与人之间密切联系的信息社会，我们不可能做到把自己彻底封闭起来，做一个大隐隐于市的孤独者。

聪明的人，懂得把握合群和孤独之间的平衡。他们未必不合群，只是更爱独处。他们保持必要的人际交往，拒绝无用的社交，掌控自己的时间和人生，做到个性独立、思想独立。因为孤独让他们变得更有力、更强大，从而更出众。

有时努力为集体屈服，却只能让少数人得益

前边谈到了很多有关群体趋同性、一致性以及群体压力的话题。在趋同性、一致性和群体压力的作用下，很多时候，当群体中的很多人都在做同一件事，就会陆续有更多的人加入。而且，随后加入的人很少会去思考：为什么要这么做？这么做正确吗？这是因为在人们的潜意识里，存在一个没有依据的"真理"，即大家都在做的事情，往往是正确的。即便是错的，大家都在错，天塌下来有高个子顶着。

盲目从众的人，更是很轻易屈服于群体压力，顺从于集体利益，很少去分析判断，保持清醒的头脑和独立思考的能力。在他享受融入群体的安全感和存在感时，殊不知有人在利用盲目从众者的心理，获取自己想要的东西。合群，成了这部分人用来获益的工具。而盲目合群的人，则成了他们的利用对象。

生活中这样的例子比比皆是。

新开业的饭店，就算店里有很多空位，老板也会故意留一部分客人在外面排队等候。这其中不乏老板的"托儿"，这些"托儿"在队伍里时不时发表几句议论："这家饭店新开张就有这么多人排队，看来菜品不错。""这家饭店刚开张，价格便宜实惠，环境又卫生，值得排队等。"于是，你就会发现，排队的人越来越多。

服装店进了一批裙子，老板对每个来店里的顾客都说同样的话："这款裙子是今年流行的最新款，很多人在打听呢。我这刚进的货，特别好卖。"这些买了裙子的顾客走出店后，还会对别人说同样的话："这裙子今年特别流行，我好不容易买到的。"于是乎，大家趋之若鹜，纷纷去这家店买同一款裙子。

某人在朋友圈发一条广告信息，后面加上一句"求转发"，然后把这条链接发给所有微信好友，对他们说："帮忙发一下朋友圈吧！"于是陆续有人转发这条信息。这实则是一种绑架，绑架他人的意志，为实现自己的目的。

时下新诞生的"网络推手""网络热搜"等更是把"合群""从众"的特性运用到了极致。哪个公司或者个人想捧红一个人、一件事或者一个产品，便雇用一群人在网络论坛、微博、微信群、QQ群、朋友圈等地方发帖、跟帖、评论，把话题炒热，从而吸引越来越多的人参与。而后参与话题的群众往往很轻易就接受推手们最先抛出的主张、价值取向，一窝蜂似的转发、跟帖。于是舆论传播如滚雪球般迅速增大，信息被一干人等推波助澜后，呈几何级数扩散。一夜之间就可能把一个名不见经传的普通人、一件小事或一个小产品，炒成几十万甚至上百万人关注的热点。然后，利用知名度来换取经济利益。

所以，有时候你觉得你是在合群，顺从于集体，但实际却是被少数人操纵，不知不觉或后知后觉地做了一枚棋子。

哲人说：真理往往掌握在少数人手里。在合群这件事上，集体利益也常常是操控在少数人手里的。著名的"二八定律"告诉我们，在任何一个特定的群体中，重要的因子通常只占一小部分，约20%，而余下的大多数，虽然占了80%，但属于不重要的。你盲目合群，做了那80%里的多数中的一员，听从的却是20%的支配。

当然，没有人愿意做那枚由别人操控的棋子。那么，成为少数人中的一分子，做一名先行者，是明智的选择。关键是如何成为"少数人"？

首先，要有自己的理念和想法，保持特立独行的姿态，凡事坚持独立思考。

其次，要有判断力和主见，不盲从，不跟风，别人越说好的事物，我们越要保持警惕；众人齐声呐喊，出奇一致地支持或反对某一事物的时候，我们不妨选择沉默。

最后，要时刻保持学习的热情，不断充实自己，用强大的知识储备和独到的思维方式武装自己。当你变得强大而不盲从的时候，你已悄然从"多数人"走向"少数人"的行列。

每个人的人生价值，难道只取决于能赚多少钱

不知从何时起，身边越来越多关于"创富""赚钱"的话题，网络、畅销书排行榜上充斥着教人如何暴富的金句和书籍。仿佛人生的价值只在于能赚多少钱，成功的标准只在于拥有多少金钱。

就连合群、交友，也被有些人打上了"钱"的烙印。前日逛书城，在成功励志类书架前，随手一翻，"人脉等于钱脉""关系奠定经济实力""在成功的路上，人际交往比专业知识更重要，发展人际关系才是你最优先要考虑的事。""多一个朋友多一条财路"……把交友和赚钱、致富挂钩的句子比比皆是。甚至有那么几本书，用洋洋洒洒十几万字教人们如何下力气去合群、广交用得上的朋友，如何靠人脉带来钱脉等。其中有几条印象很深刻的"锦囊妙计"，现在想来还忍不住想笑。

多和别人套近乎；投其所好赢得别人的好感；送礼送到心坎里；厚着脸皮和不认识的人说话；绝不一个人吃饭（言外之意，要和别人吃饭，

把和别人一起吃饭作为交际手段）；没事多联系别人，没有回音也要坚持（这不是骚扰吗？）；闲谈时莫忘顺从别人（只为讨好？）；列清单，已经认识的，渴望认识的，需要一个月打一个电话维系关系的，需要一个星期打一个电话问候的……

看这书的人，若真上了心，一条条照着去做，恐怕最后连自己都不认识自己了。况且，什么都不用做了，每天不是在和别人吃饭，就是在给认识的、不认识的人打电话，联络感情，播种人情，耕耘人脉……

虽说我没见过这样的人，但见过不少出于经济利益盲目合群的人。为了认识各种各样的人，他们不错过任何一个能够接触到的圈子，一厢情愿地认为，认识的人多好办事，多一个朋友多一条路。为了夯实"关系"，不惜请客吃饭、送礼、发红包，想着有来有往，有求于人时可以理直气壮……

不可否认，在商品经济社会，我们要生存发展，追求经济利益无可厚非。"天下熙熙，皆为利来；天下攘攘，皆为利往。"人们都在为各自的种种利益奔忙着，尤以"赚钱"为重。我也不否认，人活于世，不可能凡事不求人，常言也说"一个篱笆三个桩，一个好汉三个帮"。可是，把合群、交友当作赚取金钱的工具，甚至无限放大人际交往在通往成功、实现人生价值上的作用，这不仅使人与人之间的交往变了味，而且本末倒置，使人沦为不学无术、不求上进、重关系、善钻营的老油子、小混混。

而事实证明，只依靠关系、圈子，自身却没能力的人，是无法走远的。道理很简单，其一，你把朋友看作赚钱的资源，同样朋友也会对你如此。当彼此有利用价值时，会对其投其所好；反之，则唯恐避之不及。

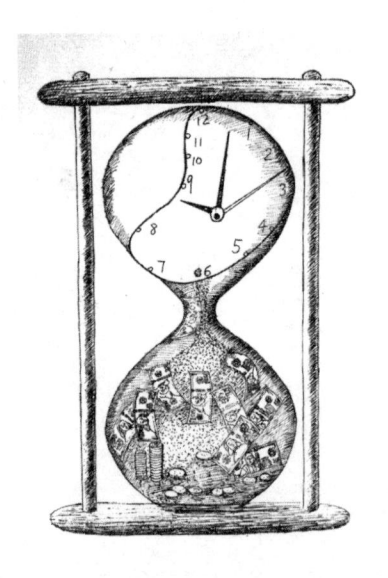

这种靠请客吃饭、看人脸色建立的友情便如天上飘浮的云，风一吹就会轻轻散掉。"以势交者，势倾则绝；以利交者，利穷则散。"说的也是这个道理。

其二，假如你只是一只小鸡，飞不上蓝天，那要靠什么去结识一只雄鹰？你不学无术、不思进取，吸引的人的层次就不会比你高多少。置身这样的群体，对你的人生发展能有多少切实的帮助？即使有机会接近优秀的人，有可以提携你的"贵人"，可彼此的知识结构、阅历、智商不对等，致使你们不在一个层次上，无法进行有效的交流，更何谈让他成为可以让你利用的朋友？

我接触过很多这样的年轻人，他们大学毕业后，靠父母托关系进入让人艳羡的大公司工作，可要么很快被公司辞退，要么就是自己受不了、干不了走人。我曾亲耳听过一个公司领导对这样的年轻人说："我不管你是谁介绍来的，干不好就趁早走！"

　　谁说人际关系比自身专业知识更重要的呢？打铁还需自身硬，任何时候，自身强大才是根本。靠自身能力立足于社会，实现人生价值，才是脚踏实地、稳定长久的。所以，人脉的确是财富，但不可当作用以赚钱的资源。合群的确会给人带来发展的机会，但不可当作获取经济利益的捷径。把花在拉关系、找人脉上的时间用来专注做事，把自己变成别人眼中的"贵人"，才是聪明人的做法。对于不愿意把时间浪费在合群上的人来说，创造价值远比赚多少钱更有意义；交几个真心的挚友，远比那些泛泛而谈的表面朋友，更让人幸福。

　　正如这一章所主张的那样，当我们没有变得真正强大的时候，就去花心思建立人脉，这往往是无效的，还不如远离热闹的人群，一个人静下心来，在孤独中去认识自己，了解自己的优势和短板在哪里，多下点"笨功夫"，让自己成为某个领域的行家，正所谓"你若盛开，清风徐来"，当我们真正强大的时候，就会有更多优秀的人主动来找你。

第 2 章

孤独,是通往优秀的必经之路

优秀,意为优于众人,自然意味着不合群,合了群就难出众。故而,优秀的人往往不从众。孤独能够成就优秀,合群只是产生平庸。所以,与其费心合群,不如做好自己。

优秀的人，想法总是与众不同

一个人好不容易融入一个群体，却发现自己的想法和群体成员的想法差异很大，甚至截然相反。这时候，大多数人会迫于群体压力，产生焦虑和不安，进而放弃自己的想法，随大溜从了大家的想法。

他不知道，想法和大家不一样，难免会陷入被孤立的局面，但也可能意味着他拥有不同于常人的思维模式，意味着他可能会因为这与众不同的想法而卓尔不凡。这也许就是我们被孤立后，上天给予我们的馈赠。

在一个村子里，村民们靠开山卖石头为生。他们把从山上运下来的石块砸成小石子，卖给建房铺路的人。一代人接一代人终日如此，就这样循环往复地采石、砸石、卖石，但是卖的价钱并不高。一个少年子承父业，也开始了上山采石头的生计，但他并不砸碎那些石头，而是直接运到城里。没想到那些本就奇形怪状的石头深受花鸟商人、园林建筑师的喜欢，他运去的石头每次都被抢购一空。很快，少年成了村里的首富。

在一条专卖各种大衣的时装街上，一家接一家的店铺挂着一眼看上去都差不多的大衣，为了多卖出几件大衣，店主之间竞争激烈。他们每天站在店门口卖力地吆喝："大减价啦，大甩卖啦！"或者不知疲倦地拦着每一个过往的顾客，向他们介绍自己店里的大衣如何如何质优价廉。但在他们中间，有一个店主做法迥异。他既不吆喝也不宣传，只坐在店门口，和对门的店主吵架。因为对门卖着和他一模一样的大衣，但他标价1000元，对门就标价950元，他标价950元，对门就标价900元。顾客到他店里转上一圈，转身就去对面店里了。他一天一套大衣也卖不出去，而对门一天卖出上百套。大家都说他这么下去，买卖肯定干不下去，店铺很快就得关门歇业。但这个人只在心里笑，因为对门那个店也是他的。这是他与众不同的营销手段。生意看似赔了，实则他是那条街上最大的赢家。

看，优秀的人总是有自己独特的思维方式，也正是因为这独特的思维方式，才让他脱颖而出，成就了他的优秀。所以，我们无须为自己的想法和大家不同而不安；相反，你应该庆幸自己拥有这样的想法，并拒绝人云亦云，哪怕陷入众人皆醉唯我独醒的孤独境地。我们要知道，很多时候真理往往掌握在少数人的手中，假如我们总是跟大家想得一样，什么事情都按常规思路去做，就很容易被别人的观点牵着鼻子走，左右掣肘，导致无所作为。

那如何培养自己的求异思维呢？

首先，要自信。要相信自己是独一无二的，相信自己有独立思考的能力，自己的想法与众不同，能够引领自己走向优秀。当然，这要把握一个度，不能自信到刚愎自用，听不进别人的建议和意见。要尊重别人的想法，听取别人的意见和建议，然后有鉴别地选择取舍。

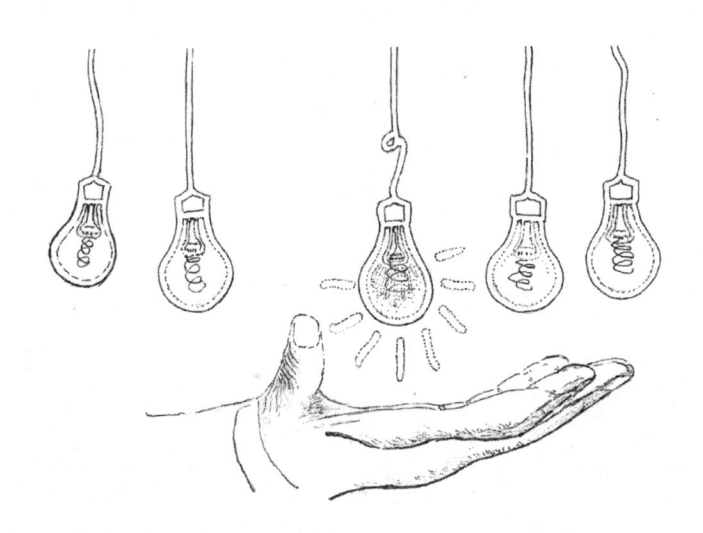

其次，要有意识地进行逆向思维。别人都往东，你可以试着向西。别人对一件事物都说好，你则要多想想它不好的地方。有一个很有意思的故事：一个国王送给大儿子一匹白马，给二儿子一匹黑马，告诉他们，现在骑马去泉边饮水，谁的马走得慢，回来得晚，谁就赢，将来就让他继承王位。老大一听，那肯定动作越缓慢取胜的机会越大呀，所以，他拖拖拉拉地站起来，整理衣服，整理马的缰绳、马鞍，可就在这时，老二飞速跨上老大的白马飞驰而去，老大还没明白怎么回事，老二已经骑着他的白马饮水回来了。结果当然是老二胜了，因为他的马落在老大的马后面。故事中的老二运用的就是逆向思维，你说慢取胜，我偏要快，但是要对手快，自己慢。

最后，独辟蹊径也可与众不同。跟在别人后面跑，只能摘别人摘剩下的果实。踩着别人的脚印走路，自然看不到自己的脚印。选择一条别人都不走的路，可能更容易通向成功。

我有个远房叔叔，他生活在山东，早年做过一件事，这件事在当时所有人眼里，简直就是不可思议。叔叔老家是在山村里，村里的人靠在薄田种庄稼生活，但总是收成不好，于是有人改种苹果树，结果收获颇丰，后来全村人都一窝蜂地跟着种苹果树。不到几年，漫山遍野都是苹果园。一到秋天，家家户户采摘的苹果在房前屋后堆积成山，等着客商进村子收购。客商用筐子把苹果一筐一筐地运走，村民们数着用苹果换来的钱，喜笑颜开。

可就在大家为种苹果奔小康欢欣鼓舞，准备栽植更多果树的时候，叔叔却砍掉了自家地里的苹果树，改栽荆子。所有人都觉得他疯了，苹果树已经开始赚钱了，为什么都砍了呢？栽荆子有什么用！又不能卖钱。可两年后，人们才明白，叔叔独辟蹊径，走的是更光明的路。因为随着苹果产量的不断增加，用来装苹果的筐成了稀缺物，于是叔叔的荆条筐供不应求。当全村人都在为苹果找客商的时候，叔叔只在家等着客商来买筐。因为他走了一条没人走的路，没人跟他竞争。

独来独往是谓独有，独有之人是为至贵。

有思想的人到哪儿都孤独

有思想的人到哪儿都孤独！这话一听有些绝对，但细一想，说的却是事实。

首先，有思想的人之所以有思想，是因为他拥有丰富的学识和阅历，这使得他不爱凑热闹，不爱扎堆合群，大多时候会选择安静地独处一隅，读书、思索、钻研，自得其乐。叔本华说："智慧之士比一般人更需要阅读、观察、学习、沉思以及训练自己，总之，他需要不受打扰的闲暇。"在常人看来，这是特立独行的。即便一个人走在大街上，他也是神情淡然，脚步沉稳，不东张西望，不摇头晃肩，因为他沉浸在自己的内心世界，不为外界的喧闹所打扰。

其次，有思想的人大多注重内在修养，他们珍惜时间，不愿将精力过多投放到人际交往、合群这件事上。因为他们知道，有时与人搭伴去做一件事，可能会因各持己见而使效率降低。

我不是多有思想的人，但对此却深有体会。我每天快步走健身，日子一久，与时不时碰头于健身场的几个人就熟悉了，后来他们就喜欢上了和我边走边聊天。他们觉得这样走，既可以减少快步走带来的枯燥和疲乏，又能交流有趣的话题，还能合了群、健了身，一举三得。可我对此并不喜欢，一来快步走时说话，会不自觉地放慢速度，不但影响了健身效果，而且拉长了健身的时间；二来聊的话题琐碎甚至无聊，不仅不会增长见识，而且有时还会带来消极情绪，实在是没有必要。

几次下来，我就拒绝了他们。结果可想而知，引来了"不合群"的评判，"哎呀，他这人不合群啊。""他这人有些傲啊。"但即使这样，我依然坚持自己的想法。

综上，总结几点。

第一，有思想的人，遇到事情大多有自己的想法，表现也更为成熟自信，所以不轻易征求周围人的意见。不会像平常人那样有事问问这个朋友的想法，听听那个朋友的意见，甚至一大帮人聚在一起讨论。

第二，即便有人主动提出建议和意见，有思想的人也不会轻易接受，他们有主见、有头脑，懂得听从自己的内心，而不是受周围人想法的束缚。这又难免会让别人觉得他们高傲而不合群。

第三，有思想的人往往特立独行。很多时候因为想法和做法不同于常人而不被周围人理解，但他们并不会去解释，去获得别人的理解。就像罗永浩，他的人生、他的经历，自不必多说，而用过锤子手机的人，都亲切地叫他"老罗"。他有一句话我很喜欢："彪悍的人生不需要解释。"老罗是个有情怀、有思想的人，所以他能说出这样一句在常人看来很脱离群体的话。

第四，有思想的人到哪儿都孤独的根本原因是：一方面，他们思想深邃，别具一格，置身普通人群中，找不到可以沟通的对象，自然孤独；另一方面，就算置身同样的群体，也会因各自思想的独特性，找不到相通的点，没有沟通的共同语言，无法畅聊。

所以，有思想的人并不是到哪儿都孤独不合群，只是他们更愿意遵从自己的内心世界，做着在他们看来更重要的事，因此他们没有精力去合群，也不愿去合所谓的群。看看历史上有大成就的人，如牛顿、爱因斯坦、居里夫人，他们可以长时间把自己关在实验室里，每天只面对一堆冷冰冰的实验器材和枯燥的数据，还要承受一次又一次实验的失败。他们没有人际交往，甚至连吃饭的时间都没有，可是，在他们的人生字典里，没有"合群"二字。也正因如此，他们做出了巨大的成就，他们的名字在历史的长河中熠熠生辉。

是的，我们不是牛顿、爱因斯坦、居里夫人，也做不了他们，但我们只要做好自己，就是最大的成功。而要做好自己，先从习惯孤独做起。从消耗精力和时间的交际活动中抽身出来，把注意力集中于内在的精神世界，给自己充电，充实头脑，让自己成为一个有思想的人。

内心越丰富、强大的人，寻求的外援就越少

大自然中单个的弱小生命体很容易被吞噬、消灭掉，合群抱团是它们为了生存不得不选择的方式。蚂蚁抱团便能冲过火海，大雁合群便能穿越海洋，牛羊合群便能抵御狮子、老虎的追击……所以，人们喜欢用"团结就是力量""一根筷子容易折，一把筷子折不断"等来阐述合群、寻求外援集结力量的作用。

可是，这些"真理"的反面又告诉我们：因为弱，所以才要求助于群体的力量。若自身足够强大，则无须通过合群壮大力量。当一个人自身强大到如同一棵树，那他还需要像"筷子"一样，为了担心被折断而向更多的"筷子"求援吗？

你见过成群结队的老鹰飞过天空时，喊着口号冲下来抓小鸡的吗？我们拼命合群，努力多方交际，以求认识更多的人，融入更多的圈子，为的是"多一个朋友多一条路""朝里有人好办事"，为的是消除单打独斗

的不安全感。说到底，这都是因为我们自身不够优秀，不够强大。而内心丰富、强大的人，不会有这种恐惧感，也不需要靠关系网、朋友圈做事，生存。

很多人忍受不了独处时的孤寂无聊、长夜漫漫时的孤枕难眠、形单影只时的凄凄惨惨戚戚……为了摆脱这些让他们发狂的心理体验，其拼命寻找陪伴，找人倾诉，到人堆里凑热闹。似乎只有这样，他们才能远离沉郁、不快乐。其实，这是内心世界贫乏、柔弱的人的常态。

内心世界足够丰富的人，不会害怕独处，不会寻求外界的热闹；相反，他们喜欢享受独处的时光。因为那样他们可以沉静地读书，通过阅读领略大千世界的五彩缤纷，汲取知识的琼浆；优雅地写字作画，挥毫落纸间陶醉于浓淡相宜、黑白相安的美好；舒缓地敲打键盘，和自己的内心对话；听听音乐，弹奏自己喜欢的乐器，或者安安静静品一杯茶，让自己陷入沉思冥想中……

杨绛先生90岁的时候，丈夫钱钟书和女儿都离开了人世，留她一人独居一隅，但她笔耕不辍，写了两本书，翻译了一本书，口述了一本书，更是把钱钟书留下的足足7万页的笔记整理成178册英文笔记和20卷中文笔记，并分别出版。她说："世界是自己的，与他人毫无关系。"她和谁都不争，也不向谁求援，她只静静地独自行走，收获着智慧。

一个人内心越丰富，求他人的事情就会越少。如果一个人的心里装得下全世界，还需要世界给予他什么呢？一个人内心越强大，依赖于他人的机会就越少。因为他本身就已经是一棵树，可以为小草遮挡风雨，为小鸟支撑一个家，自然就不需要依赖别人给予自己什么遮蔽和温暖。如果说大多数人挤着合群，就如抱团取暖，那么内心丰富、强大的人本身就是光源、火源，自然也就不需要和别人在一起，靠别人的体温来温暖自己。

一个内心强大的人，既不会活在别人的眼光里，依赖他人的肯定建立自信，也不会依靠他人的鼓励生成拼搏的动力，更不会凭借他人的评价来估量自己的价值和存在的意义。所以，他们不需要靠无用的合群来获得安全感、存在感和自身的价值。因为他们知道一切能源和力量皆来自自己的内心，真正的安全感，只有内心的独立和强大才能给予。

其实，内心世界越丰富，对外界的要求就会越简单，不苛求、不期待，自然也极少寻求外援。内心的强大，会让自己越来越豁达，面对他人的不理解，也能宽容。所以，当你极少求助于他人，或者极少去合群、去交际的时候，那么恭喜你，你可能正朝着优秀的方向行进。这意味着你的内心将越来越丰富，越来越强大。

有时候，与其外求于人，不如内求于己。远离那些所谓的合群，拒绝那些无用的社交，做好自己，于独处中默默成长。把自己打造成一个内心强大、优秀的人。

就好比一棵树，让自己的根深于地下，每时每刻朝着四面八方伸展，汲取营养，拓展生存空间，不聒噪、不浮躁。直到根深叶茂，不畏风雨，依旧保持沉静，傲然立于天地间。树只有成长为参天大树，才能引来更多的鸟儿筑巢，藤蔓缠绕，小草依偎。因为在鸟儿、藤蔓、小草的眼里，树是它们的依靠。

那么你，做好成为一棵内心强大的树的准备了吗？

一切特立独行的人格都意味着强大

法国著名作家加缪说："一切特立独行的人格都意味着强大。"我很欣赏这句话，所以拿来做本节小标题。

何为"特立独行"？我觉得有必要在开篇先界定一下这四个字。因为前几日我跟好友提起这个词时，他说：所有精神分裂的人，都特立独行；所有大玩另类、哗众取宠的人，也都特立独行；还有那种故意标新立异、凡事叛逆、刻意跟别人对着干的人，也属于特立独行。我想说，本书中提到的"特立独行"，跟上述几种表现毫无关联。特立独行，其实指的是不人云亦云，敢为人先，勇于开拓创新；不千人一面，有自己独到的思想，勇于独树一帜，不走寻常路；不断超越和突破自我，追求更高人生价值……

而这些，无不彰显着强大，无不通往更强大。

一个人想要特立独行，先要有强大的力量挣脱群体的一致性。就如同一只羊，被裹挟在朝着一个方向奔跑的羊群中，想要改变自己奔跑的方向，就需要勇气，需要脱离羊群的力量。大多数人之所以做不到特立独行，皆因内心不够强大，不足以支撑自己脱离寻常人运行的轨迹，所以只能空怀着特立独行的梦，最终淹没于从众的脚步中，碌碌无为。

　　想要特立独行，还需要有强大的内心去应对来自群体的打压和周围异样的目光。人的趋同性心理会让一个群体里的成员对异己有着本能的排斥。当一个人的所想所言所做不符合普通大众的价值标准时，身边就会响起各种反对、质疑乃至嘲讽的声音。这就意味着特立独行要承受被孤立、打压的风险。也就是说，我们的内心需要强大到足够支撑起特立独行的自己。举个例子，当大家都往东走，我们却独自向西而行。可想而知，在转身之际会听到什么声音以及讥笑："瞧，这个人好奇葩啊！""等着吧，早晚他得灰溜溜返回来……"这时候，没有强大的内心，是迈不出那一步的。只有内心强大的人，才能做到对周围人的批评、嘲讽充耳不闻，对那些投射来的异样目光视而不见，对各种孤立、打压置之不理。他们听从自己的内心，洒脱地特立独行于自己的路。

　　除此之外，一个人能够特立独行，必定有其特立独行的资本、有能够使其与众不同的才能。比如王小波笔下那只特立独行的"猪"，之所以走出了一条不同于"众猪"的路，全依赖于自己与众不同的强大本事，最终逃脱了被宰杀的命运。比如这只猪有着不像猪倒像老虎一样敏捷的身手、像袋鼠一样的弹跳力，这使它能冷静躲过手枪和火枪射击的聪颖头脑……这只特立独行的猪，就是靠着这些强大的资本挣脱了人们给猪设定的生活轨迹，在自然山林间过着畅意自由的生活。

所以说，自身强大才能做到特立独行，特立独行则无不意味着强大。

想要自身强大，先从不合群开始，不盲目从众，锻炼自己的求异思维、抗趋同性心理。不模仿不追随，做那个独一无二的自己。然后时时学习，给自己充充电，让自己具备更多的知识、更深厚的专业技能。就像那只特立独行的猪，用普通猪不具备的技能武装自己。

接下来，可以放大自己与众不同的特质，做到于千人一面中的"独一份"。特别，立身，独立，行走，"特立独行"这四个字都在诠释"独"。它不仅仅是"独自"，更是"独一""独特"的意思。当你真正成为千人一面中的"独一份"时，想不特立独行都难。

而特立独行者不仅要保持长久的战斗力，还要有不断创新的思维，更要有不循规蹈矩的头脑。打破常规、另辟蹊径、敢于创新，必能走出一条与众不同的成功之路。

但是，永远不要为了让自己看起来与众不同而刻意特立独行。这种肤浅的标新立异只能哗众取宠。就如青春期叛逆的少年，对来自师长的教育，不分对错一律反着来、对着干。

要知道特立独行不是靠外表和言行的与众不同来展现，它如静海深流，渗透在一个人的血液里、骨子里。特立独行的人从不炫耀成功，也不刻意凸显自己的与众不同。他沉静而笃定地做自己的事，走自己的路。

更重要的是，特立独行，追求的终极目标，不是为了与众不同，而是为了有更有价值的人生。

越优秀的人，面对的排斥和打击往往越大

优秀的人孤独，不单单是自己不愿意迎合别人，很多时候是由于那个群体不愿意接纳他。人都有忌妒心理，一个群体会对异于群体其他成员的言行进行防御和排斥。老话说，"枪打出头鸟""木秀于林风必摧之"，这都是有科学依据的。

有科学家在理发师行业做了一项调查。科学家之所以选择这个行业，是因为在他们眼中，理发师之间既是独立工作，又须分工合作来完成任务，这种工作模式其实代表了一种很普遍的合作形式。在对350名理发师的调查过程中，他们发现，理发师对那些专业水平较差的同事比较宽容，对佼佼者则极为苛刻和严格。换句话说，他们在排挤优秀者。

在我们的生活中，这种现象更是随处可见。

李玲是一家装饰公司的设计师，她对自己的工作充满热情。每次一拿到新项目，她就带领自己的团队没日没夜地忙活，去工地实地丈量，跟

客户一遍遍沟通，一遍遍修改设计图纸……她接手的项目总是完成效率最高、得到客户满意度最高的，因此她在公司拿到的奖金最多，被领导在大会小会上表扬的次数也最多。

可是，李玲并不快乐。原因是，她跟同事关系不好，大家都冷落她。其实，李玲是个性格活泼的姑娘，喜欢和大家交往，但她不明白自己哪里做得不好，让大家不喜欢。事实上，大家不喜欢她的原因，不是她性格、为人有问题，而是她在工作上太优秀。

她的助理抱怨："每次一拿到项目她就加班加点地干，自己不休息，还拖着我跟她一起牺牲休息时间。"而其他设计师则认为李玲在抢他们的饭碗，"客户来了都指名要她设计，我们都闲着，她那里项目都忙不过来。奖金都让她拿了，我们喝西北风啊……""就她能干，显得我们都不如她。""领导老拿她和我们比，批评我们不如她能干，就她会表现！"

相信李玲的经历能够引起很多人的共鸣。一个单位，一个部门，一个小组……只要是一个集体就会有这种现象。哪怕三五个小孩在一起玩，表现优秀的那一个，都会遭到其他小孩"嫌弃"。因为优秀者的优秀，反衬出了其他人的平庸、无能；因为优秀者出色的表现让他赢得了更多资源和机会，这势必会降低平庸者所得资源的份额，减少降临在他们身上的机会；因为优秀者所获得的荣誉，让平庸的人心生妒意和危机感……所以为了保护自己的利益，出于"见不得别人好"的忌妒心理，平庸者们就喜欢"枪打出头鸟"，抱团合群排斥和打击身边优秀的人，就这样优秀的人越发不合群。

如果我们正在被一个群体排挤，先弄清楚是不是自己在为人处世、待人接物方面有问题。倘若不是自身的问题，只是因为优秀，那我们无须沮丧、抱怨，反而应该感到高兴。因为这证明在这个群体里，我们是突出的、有实力的。有人忌妒、排挤，这是我们走向成功路上的副产品。面对排挤，我们保持平和的心态和淡然的态度就好。对排挤我们的人，则不与其为敌，也不委屈示好。

　　我们也无须费心费力地改变自己，无须放慢自己的脚步以适应这个群体的规则和节奏，只需问心无愧继续放大自己的优秀，让自己做得更好。曾读过这样一句话："忌妒是有射程的，当我们变得越来越好时，不在他的射程之内，他就不会忌妒了。"因为他把我们看作和他处在一个层面上的，我们比他优秀，他才会忌妒我们；当我们攀越到更高的层面，把他远远甩在后面，他就会认为，我们本来就应该比他优秀，他的忌妒就会转变为羡慕和崇敬了。所以，当我们被排挤和打击的时候，说明我们还需要更加努力，以取得更大的成绩。我们要做的是，把希望和他们搞好关系、努力去合群的时间好好利用起来，去实现更远大的目标，体现更高的自我价值。

当我们实力足够强大时，就会不畏惧忌妒，因为我们已超越了那些忌妒我们的人；当那些排挤、打击我们的人，已被远远甩在身后，没有人能和我们并肩的时候，我们就可以振翅飞离这里，另择良木而栖，寻找跟自己实力相匹配的、更高的平台施展自己的才华。当然，在新的环境中，也许我们还会被排挤和打压，但正因为如此，我们才会有动力继续朝着更优秀的方向挺进。

从这个角度讲，我们应该对排挤和打击我们的人说一声："谢谢。"

主流与非主流，无关对错，只关勇气

主流代表多数，非主流代表少数；主流代表群体，非主流代表异类；主流代表大范围流行，非主流代表鲜明个性……有人说，少数服从多数，非主流是不被大众接受的；也有人说，正确才会流行，谬论定当寸步难行。

可是，多的就是对的吗？流行的都是好的吗？事实上，主流与非主流，只是相对存在，没有绝对的对与错。只是有时候遵守的人多了，说它正确的人多了，也便当成正确的了。

人到了一定年龄，结婚生孩子是自然的事，可是，有人选择独身或者丁克，我们不能说不结婚、不要孩子的，就是错误的人生；在女人都穿裙子的群体里，有一个女人坚持穿长裤，我们不能说穿长裤的不对；大家从3岁开始就按部就班地上幼儿园、小学、中学，然后考大学，丁俊晖不进校园、不读书，专攻斯诺克，我们不能说丁俊晖错了……

可人就是这样，总会对身边那些不结婚、不要孩子的人抛去异样的目光，对那个不穿裙子的女人指指点点；在丁俊晖成功前，给了他很多的非议。在众人的评价体系里，非主流就是另类的、叛逆的，让大众无法理解和接受的，就应该受到批判。所以，当我们选择非主流的路时，注定我们要承受这种批判，同时还要承受来自内心深处的种种煎熬，比如不自信、孤独等。

作家路遥在他的小说《人生》中说："人生，其实无非是矛盾与选取的综合体，无关对错，仅仅在于我们能否有勇气在矛盾中做出选取，并勇敢承担一切后果。"

是的，挑战大多数人坚持的规律和法则，的确需要勇气。但"独有之人是为至贵"，可能就是因为这样，才会成就一个人独放异彩的人生。

历史上著名的比萨斜塔实验，是典型的非主流对主流的挑战。此前，亚里士多德认为，不同重量的物体，从高处下降的速度与重量成正比，重的物体一定较轻的物体先落地。这个结论在近2000年的时间里被人们一直视为真理，所有人毫不怀疑地一代接一代传承着，直到伽利略站出来，发出了不同的声音。他在比萨斜塔上把两个不同重量的铁球从同一高度同时放下，结果两个铁球同时落地。实验证明，非主流的伽利略是正确的，他挑战主流的勇气改写了历史。

可是，如伽利略这样的非主流毕竟是少之又少。在我们所能触及的生活中，别说挑战权威，就是小小的非主流一下，都需要非常大的勇气。记得小侄女小时候因为天生自来卷，上幼儿园时被其他家长悄悄议论："哎呀，这么小的孩子就烫头发，真是臭美呀。"上小学时被老师训斥：

"《小学生守则》怎么背的？不知道小学生不允许烫头发吗？"到了中学，一路被批判的侄女害怕了，她央求妈妈去学校跟老师说清楚，自己的头发天生这样，不是自己烫的。她妈妈于是给老师写了一张字条，让孩子捎去学校。可老师看完字条，盯着侄女的头发看了一眼说："但愿你没撒谎。回头去拉直吧，这像什么样子！"侄女难过地抬不起头来。

看，在一个大家共同遵守的标准下，就连头发不一样，都会给一个人带来这么大的困扰。由此可见，坚持不从众，是需要多大的勇气！所以，很多选择非主流的人，因承受不了内外交加的压力，妥协了、从众了。少数人顶着压力，保持非主流的个性，坚持自我，在求新求特的路上，走出了与众不同的人生，甚至引领了潮流。

在这个瞬息万变、不断发展的时代，人们喜欢追求多元化。如果只有主流，没有非主流，整个世界都一个样子，那这个世界该是多么的无趣。如果每个人都只为了在主流中求得一份安稳，而选择保守地顺从主流，那我们的人生该是怎样的一成不变和平庸呢？

当我们选择非主流，也就意味着选择打破陈规，意味着独特和前所未有，意味着创新和活力。所以，不要忧虑自己是非主流、是小众，更不要因为害怕被批判，就选择跟大众站在一起。当我们突破主流的藩篱，张扬自己的个性，让独特的自我开出绚丽的花朵时，我们或许能够推动某一领域新的发展。

停止讨好别人！因为你不能拉上别人一起成为巨星

带女儿去广场玩，看到几个孩子扎堆在玩他们喜欢的游戏，女儿先是自己玩了一会儿，大概觉得一个人玩没意思，便慢慢靠近那几个孩子，"我可以跟你们一起玩吗？"她试探着问。

那几个孩子点头同意："不过，你得听我们的。"

女儿犹豫了一下，但还是说："好。"于是，那几个孩子指挥着女儿一会儿跑着追他们，一会儿像木头人一样不许动。女儿讨好地听从他们的命令，认真地按照他们的要求去做。但十几分钟后，女儿有些不情愿，她说："我们换个游戏吧？"但大家都不同意。女儿站在那里，沉默了一会儿，转身离开了。

我知道此刻女儿是不开心的，所以走过去摸摸她的头，将我的理解和安慰传递给她。女儿抬头看着我说："为了跟他们玩，我一直在讨好他们。但我一点也不快乐。玩是为了开心。既然不开心，我便不跟他们玩了。"我拥抱了她——为她能说出如此富有内涵的话，为她能做出如此果断的选择！

很多时候，我们在类似情境下，可能还不如一个孩子。

有个撰稿人朋友在工作之余经营着自己的微信公众号，而且给几家公众号写文章。下班后的大部分时间，他沉醉于文字世界，梦想着把自己打造成微信公众号原创大咖。但最近因为居住环境的改变，他不得不和自己单位的几个同事合租一处公寓，这样一来他再没有属于自己的安静角落来写作。大家下班一起回到住处，先是在客厅嬉闹一阵，然后扎堆去厨房做晚饭，饭后还要看电视、打牌……一直到深夜，才各自回自己的房间睡觉。

朋友起初尝试着把自己关在房间里写，可一扇门既隔绝不了客厅里的吵闹声，也不能阻挡同事们的"骚扰"，他们大声叫着他的名字，让他出来玩，还好奇地问他把自己关房间里干什么。"别那么不合群，这样大家可都不喜欢你啦！""你那么高冷，会没有朋友的！"更有甚者直接进屋，拉着他融入其中。

朋友心里有一百个不情愿，可是他不能说一个"不"字。"不喜欢你""高冷""没有朋友"，他不希望看到这样的局面，他不愿看到同事们不高兴，不愿大家说自己不会来事、说自己高傲不合群。于是，他带着讨好的心，每日陪他们聊天、打牌，可始终想着自己还未写完的稿子，心里别提有多焦虑了。他只能等大家都睡了，才奋笔疾书，有时要写到天明。长此以往，不仅身体受不了，工作也受到了影响，而且自己苦心经营的公众号也因推送的文章质量不高，而得到的关注者越来越少。

可是，小孩都能够看明白的一点，为什么作为成年人的我们却无法看透呢？

究其原因，一方面是我们怕被孤立、被排斥，从而委屈自己，放下自己的追求，融入群体中；另一方面是怕自己与众不同，从而刻意掩盖自己、贬低自己，宁愿被群体同化。一个人不懂得拒绝别人，一味地迁就迎合别人，只为了看上去融洽的人际关系，只为了别人眼中的"好人缘"……

其实，为了那些别人眼中的合群而去合群，实在不是明智之举，因为我们不可能拉上别人和我们一起成为巨星。有句话说得好：一个人永远不可能讨所有人喜欢，因为不管他朝着哪个方向站着，虽然会有向阳的那一面，却始终还是会有露出背影的一面。即便我们不断做出妥协和改变，还是无法得到所有人的认同和理解。

所以，停止讨好别人吧！与其有时间讨好别人，不如充实、提升自己，追求自己的理想，成就自己的优秀。

如果我们是千里马，迎风奔跑就是我们的本色；如果我们是出类拔萃的优秀之人，自顾优秀就是我们的本分。不必理会周围人看我们的目光、议论我们的声音和不理解的讥笑。独自奔跑的路上注定是孤独的，但孤独不会毁掉我们，只会造就我们的优秀。

我们优秀了，自有人认同我们；我们卓越了，自有人靠近我们。

第3章

不迎合，敢于选择与众"为敌"的冒险

形单影只的"独"，与众不同的"特"，难免因不合群而孤独；更因触到了群体的种种痛点，而免不了被群体孤立、排挤和打压。如此说来，"不合群"实在是一件很冒险的事。

是什么偷走了你特立独行的人生态度

说到特立独行的人生态度，不禁让我想起了我国著名学者萧功秦教授撰写的一篇名为《为什么我们缺少特立独行的人生态度》的文章，他以学者的视角，从中国人价值追求的单一化、同质化及异化的儒家文化对国人思想和价值体系的影响等角度，阐述我们缺少特立独行人生态度的根源，指出通过文化重构来激发特立独行的方向。

无疑，这是一个大课题，是学者们讨论、思考和研究的问题。作为芸芸众生中的普通一员，靠一己之力，改变不了国人单一的价值观，更做不到文化重构。对我们来说，切实了解自己，从个体的角度探讨这个问题，可能来得更实用一些。

所以，这一小节要说的，与那篇专家撰写的很火的文章，没有多大的关系，尽管都在说特立独行。

根据我的日常观察、调查和总结，以及自己的生活经验，偷走我们特立独行的人生态度的，有两大"窃贼"，即排在首位的畏惧和位居其后的懒惰。

前不久看一本写给孩子们的绘本故事，内容梗概如下：在一群黑色的乌鸦中间，生活着一只彩色的乌鸦。但他的与众不同并没有给其带来好运，他频频受到同类和其他飞禽的驱逐。不开心的他做了一个噩梦，梦中自己被逼无奈远离了群体，飞进了浓浓的白雾中。当他把这个梦告诉首领时，首领却意味深长地说："这样的事情在现实中是有可能发生的。"这个故事很贴切地勾画出了特立独行被群体排斥的孤独境地。很多心怀特立独行梦的人，正是畏惧于此，而选择违心放弃自我，做一个中规中矩的、合群的人。

的确，跟在别人的身后走，是安全的、省心的。另辟蹊径，于无路处开路，当然会一路荆棘、一路艰辛。选择特立独行，就意味着要独自面对这一路上的艰难困苦。这是对多吃苦、多付出的畏惧。

以男儿身演绎女人的千娇百媚，在舞台上游刃有余地转换于男人和女人之间的李玉刚，因为独树一帜而一炮走红，火遍大江南北。但在成功的背后，在特立独行这条路上，李玉刚饱受磨难。刚开始的时候他经历了很多事情，有很多困难，包括遭到不被理解的冷嘲热讽，没有适合表演的圈子，没有可以互相依靠的伙伴，没有可以借鉴的成功经验……可以说，每一个特立独行的人，都不可避免要面对坎坷崎岖，并且一切要靠自己的努力。

另外，对特立独行之后的未知结果的畏惧。在设置好的生活里，按部就班地一步步走，没什么好担心的，大多数人一辈子也就这样。可特立独行呢？没有预设情节，没有明晰结局。要么开拓出一片天，成为耀眼一方的"明星"、人人羡慕的成功者；要么被人当作"一意孤行""异想天开"的反面教材拿来取笑。

当然，选择特立独行就要有思想准备，那就是特立独行无法行得通之后，连生存都会受到威胁。陶渊明算是标准的特立独行的人，在仕途官场人人都追求官位高升，他却选择归隐耕田。但这条路他走得极不成功，"环堵萧然，不蔽风日；短褐穿结，箪瓢屡空……"就是陶渊明的生活写照，他连日常的一日三餐都成问题。其实，想要特立独行，有时候是需要付出代价的。

说完了畏惧，再说懒惰。这是偷走我们特立独行人生态度的第二个"窃贼"。

人都有避苦趋甜之心。要特立独行不是想想就可以的，首先需要有特立独行于天下的资本，比如王小波笔下的那只猪，要具备超越普通猪的各种技能才行。而想要获得各种技能，就需要潜心学习，需要付出比众人多出若干倍的辛苦，需要牺牲太多的休闲和娱乐时间。于喧嚣中沉静下来，苦心修炼，这等考验毅力的事，稍有懒惰之心，便无法坚持下来。

特立独行的路上，需要面对不断纠错改错的辛苦。因为特立独行，没有现成的经验可以借鉴，一切都得靠自己摸索。很多时候，错了都不知道哪里错了，甚至为了改正眼前的错误，一切都要推倒从头再来——这无疑是辛苦的。比起走大家都在走的路，错了也跟大家一起错的随大溜的人生模式，特立独行要不得一点点懒惰。

做一个特立独行的人，确实很难。可是，没有特立独行，就不会有世界的进步、社会的发展。没有特立独行，就不会有卓越的人生。每个人都应该有特立独行的意识和情怀。守住我们特立独行的人生态度吧，别让它被偷走。

独立，就意味着可能被孤立

对上学读书时候的回忆，每个人都不一样，但是说起班上有没有因为特立独行而被孤立的同学，大家的回答却几乎如出一辙，似乎每个班都有那么一个或几个被孤立的人。

而我就是那个曾经被孤立的人。我在山村里读完小学，被父母送到了离家几十里远的镇中学，同学们因为离家近都走读，当时我和另外一个来自外乡镇的男孩住校。这本身就使得我和同学们之间有了不同。不知是因为住校，晚上有大把的时间看书学习，还是因为我本身比较擅长学习，第一学期期末考试，我轻松考了全年级第一名，而且总分超第二名三十多分。班主任很激动地在班会上表扬了我，而且整整表扬了一节课。从那一节课开始，我就成了独行侠。没有同学愿意和我交朋友，他们说："人家是状元，是未来考重点大学的好苗子，跟咱不是一路人。""他是老师眼里的好学生，就他有出息。"那个和我一起住校的同学，迫于压力，在同学面前都装作故意疏远我。

初中三年，我就这样在孤独中度过，没有朋友，没有玩伴。曾偷偷哭过，也想过转学，想过回家，但最终还是咬牙坚持下来了。支撑我挺过来的精神支柱就是我引以为傲的学习成绩。不但如此，我还在这期间看了许多课外书，自己时不时也会写写画画。因此，作文水平飞速提高，语文老师经常拿我的作文到他任教的几个班里轮番读，并且给予了极高评价。几次参加市里组织的作文竞赛，也都获得不错的奖项。这些成绩不仅给我灰色的内心世界增添了亮色，而且也使同学们对我的态度发生了一些变化，他们开始用真诚的态度向我请教问题。这时候，我的内心悄悄生长着骄傲。

初中毕业考上县城的高中，被分到重点班，身边所处的同学都是和自己不相上下的，这才结束了被孤立的状况。

现在回想那段时光，倒有了感激之心。同学的孤立给了我更多的独处时间，让我不断成长，收获了比别人多出数倍的成长果实。如今我能靠写作实现自己的人生价值，大概就是源于那时候的积淀。

每个特立独行的人、独立的心，不可避免会被群体成员孤立。即便不是大家刻意孤立，也会因我们的独立、我们的与众不同，而使彼此之间有一道无法消融的沟壑。可能这就是独立成长的代价，也是必须正视的现实。

如果我们此刻正被孤立，那么告诉自己，这不是我们的错，不是我们不够好，不是我们不会与人相处。所以，不用自责、自卑，要知道，因为优秀才会被孤立；因为强大、独立，才不必外求于人。当然，也不用责怨那些孤立我们的人。他们不想跟我们做朋友，恰恰说明，他们已经追

不上我们的优秀，无法和我们有心灵上的交融、精神上的沟通。我们不仅要理解他们，还要感谢他们对我们的孤立，因为是他们让我们不断成长和强大。

独立，意味着被孤立。但被孤立，同时也意味着自我成长。只要有强大的内心，坚定做自己，自我肯定、自我激励，享受被孤立的由自己掌控的独处时光，我们不但不会被孤立打倒，还会开创出一片更广阔的天地。

当然，若我们从事的工作必须和团队团结协作才能完成，那就不能过于强调独立，任由被孤立的现象发生。我们的工作能力强，所负责的工作可以不必依赖他人，但是，应该要做好关系协调，上下衔接，左右沟通无阻碍。即：独立在内心，外在无差异。

特立独行会拉大人与人的差异性

一群人之所以能够抱团合群，最根本的一点是，这群人在对事物的认知、理解、思考、判断等方面存在一致性。因为认识一致，才得以合而为群，相处融洽。但只要是个体，就会存在差异性。只不过，在一个认知一致的群体里，这种个体的差异性是很微小的。并且很多时候，个体感知到自身存在的差异性或许会和群体的一致性产生冲突时，会自觉不自觉地调整和改变自己的差异性，以求得和群体的节奏保持一致；反之，要是放大自己的差异性，就会与众不同，群体成员会以各种方式对其打压，以此达到群体的一致性。当打压无效时，便采取排挤的方式，以"你不属于我们这个群体"为名，将异己者孤立起来，乃至移除群体。

所以，特立独行者在一个整齐划一的群体中，是不舒服的。他要时时承受群体对他的打压、排挤，承受群体对个性和差异性的扼杀、腐蚀。他们不允许特立独行把人与人的差异性拉大。

可是，若为了逃避这些"不舒服"，压制自己的差异性，那就意味着渐入平庸。若坚持做自己，保持个人特质，朝着"特立独行"的方向行进，拉大差异性，就会看到将来卓尔不群的自己。

何江，出生于湖南省一个贫困小山村里的一户农家。从小在没有电、没有自来水的乡村生活、读书。小伙伴们在乡野间戏耍玩闹的时间，他用来学习。读中学的时候，大家都学哑巴英语，不出声读单词读课文，上课不举手回答问题，他不但踊跃举手发言，偶尔还会于课间在同学面前激情澎湃地用英语朗诵一段话。高考后，他以优异的成绩考上了中国科技大学，并且获得了中科大的最高荣誉奖——郭沫若奖学金。之后他进入哈佛大学硕博连读，并且在毕业的时候，从几万名毕业生中脱颖而出，作为代表在毕业典礼上演讲，这是哈佛大学给予毕业生的最高荣誉，何江也成为首个在哈佛毕业典礼上演讲的华人。

在家乡小学读书的时候，同学们想着能识字会算数就好，他想的是能进城念书更好；进城读中学，同学们想着能考上大学就好，他想的是能学到更多知识，改变自己的人生；进了大学，大家都觉得拿到好分数，找到好工作就好，他想的是走出国门进行更深层的学习……

当他站在世界顶尖教育殿堂的演讲台上演讲时，他儿时的很多伙伴还在那个贫困的山村，沿着祖辈的生命轨迹，打发余生。特立独行，不断超越自我，朝着自己认定的方向坚持走下去，终有一天你会离成功越来越近。

人生在世，各有各的选择。选择融入群体，那就要坦然接受安稳和平淡。选择特立独行，做和别人不一样的自己，就要做好承受打压、排挤的准备。如此，才能一步一步走得越来越远。

人生，最怕因为他人的排挤，把本有的才能丢弃。就好比一只鹤立于一群鸡中，非常独特，但由于它受不了愤愤不平的鸡群对其的嘲弄及打压，于是不得不收了双翼，低下了长长的脖颈，以期和鸡群一样高。这种"鹤的心态"若占据我们的内心，久而久之，我们也就会变成鸡群中的一只鸡。

有人做过这样一个实验：把一个长跑运动员安排到一个五人小组里进行比赛，赛前教练告诉他："其他四个人的实力都不如你，你一定能拿第一名。"结果这名运动员果真跑了第一。接着，教练又安排他参加一个十人组的比赛，并告诉他："你的成绩在这些人里面是最好的。你就是那个第一名。"果然，这名运动员又跑了第一。后来他参加百人赛，教练说："你的成绩在这些人里面是排在前面的。只要发挥出你的最好水平，你就能拿第一。"于是，他奋力奔跑，飞速冲刺，最后得了第一。

接下来，教练带他去了一个陌生的地方，参加比赛的运动员也都是陌生人。教练说："这次，我完全不知道其他运动员的真实水平，不知道你在他们中间处于怎样的位置，一切靠你自己努力。"几场比赛下来，他并没有次次都跑第一名，最差的成绩是第五名。而事实是，教练称不知道真实水平的这些参赛运动员，其实他们的水平和先前那些运动员的水平是完全相同的。

为什么面对水平完全相同的比赛，自己的实力也并没有发生变化的情况下，名次却发生如此大的变化呢？那是因为一个人数众多的群体，会在不自觉中对一个人的心态产生很大的影响。在不知道群体中每个人的实际能力的情况下，对自己不自信的人，很容易把自己降到一个较低的位置。结果，本来优秀的自己，被错误地定位归入了平庸。

　　因为特立独行，因为差异，世界才是多彩的。也正因如此，我们才是出众的。所以，永远不要为了减少差异，而丢失了个性、丢失了自我。

你的与众不同会触及众人自卑的痛处

优秀的、与众不同的人，就这么不受欢迎，这么容易被排斥？其实这不是与众不同惹的祸，而是群体的自卑心理在作祟。

表姐说起小时候自己被孤立的一段经历，只源于她有一顶漂亮的太阳帽，而其他小姑娘都没有。当她戴着那顶太阳帽跑出来找她们玩的时候，小伙伴都噘着嘴巴手拉手跑远了。她们说："哼，有什么了不起，不就是有一顶和我们不一样的帽子吗！""自己臭美去吧，我们才不和你玩呢！"为了讨好小伙伴，表姐把帽子给每个小姑娘戴一会儿，于是，她们就不计较她那顶与众不同的帽子了。

只因为"你有，我们没有"，这种"你有"的与众不同触到了小孩子"我们没有"的自卑。一顶帽子就这样引发了孩子们毫不遮掩的、真实的忌妒心理。

在趋同性作用下，一个群体里的成员大部分处在同一水平线上。若有个与众不同的人，他比群体中其他成员都优秀，那势必会引起排斥、打压，这与其说是看不惯、接受不了，不如说是触到了群体自卑的痛处。

首先，每个人的梦想与众不同，都希望自己出类拔萃，可现实却是大部分人"不屑与人为伍，却不敢与众不同"，很轻易就泯然于众，被大众同化了。当某一天自己身边出现一个这样的人，自己想做而不敢做的事他做了，自己想说而不敢说的话他说了，这时心里的那份不甘就会被勾起，深深的失落感、自卑感也会翻涌而起，为了淡化这种不愉快的心理体验，群体成员会不约而同地选择疏离他。

我有一个毕业于师范院校中文系的朋友，他和自己的大部分同学一样，从事着中学语文教学的工作。但和其他人不同的是，他坚持写作，十几年间出版了几本专著，发表在各类杂志上的长、短篇小说数量也很可观。在周围的圈子里，大家都觉得他是让人崇羡的作家。可是，大学同学提起他时，都是一副酸溜溜的表情。同学聚会，他在场时，大家都刻意不提他写作的事情；他不在场时，即使有人提起，也都用的是讥笑的口吻，说他是假作家，真迂腐，不务正业。言外之意是："大家都是中文系毕业的，要写谁不会啊，只是我们不写，我们敬业，我们专心做好本职工作而已。"

的确，大家都是中文系毕业的，都有写作功底，都可以发表文章成为作家，可偏偏只有朋友一个人做到了。他的与众不同当然会引发其他人内心的自卑。

其次，一个人的与众不同，当然会衬托出周围人的平庸，使他们心里感觉不舒服。这从心理学角度讲，是一种自我价值的保护机制。把优秀的人排挤出我们所在的群体，就不会有优差之分，谁也不比谁强，谁也显不

出弱。那些在单位工作能力突出，屡受领导表扬的员工，就是因为触到了其他同事自卑的痛处，才引起排挤的。

还有一点，若我们的与众不同牵涉利益、资源的分配问题，那引发的排挤力度就更大了。比如学习成绩好的同学，得到老师的器重，课下不仅开小灶，犯了错误也很少被老师批评；公司里工作业绩突出的员工，提成、分红、奖金一笔笔地拿，领导还大会小会挂在嘴边表扬，时不时拿他做正面典型，去批评其他员工不努力、不勤奋……这个人自然而然会引起他人愤愤不平、不服气的负面情绪，大家恨不得能群起而攻之。

说了这么多，无论源于哪种原因的自卑，说到底，都是一种弱者心态。抱团抵制，是弱者能够选择的、进行自我保护的最佳手段。强者从来不需要抵制这个词汇，更不需要集结力量去抵制。换句话说，有些人之所以抵制我们，正是因为我们与众不同的强大和优秀。人们不会去忌妒弱者，不会在弱于自己的人面前自卑。

所以，当我们受到抵制和排斥时，不妨坦然接受，去理解那些排斥我们的人，因为那只是出于弱者的一种自我保护心理。我们只需集中注意力发展自己的优秀，自卑是他们的事，优秀是我们的事。做好自己，这才是最重要的。

独特是平庸的眼中钉，两者水火不容

敲下这个标题，脑海中浮出一部电影的名字：《西西里的美丽传说》。故事发生在"二战"期间。影片主人公玛莲娜，是一位美得像女神一样的女子，她"撩着波浪状黑亮的秀发，穿着最时髦的短裙和丝袜，踏着充满情欲诱惑的高跟鞋……"跟随丈夫来到西西里岛一个宁静的阳光小镇。这里的居民每天忙于吃喝拉撒，女人们大多不爱打扮，不懂得管理身材、修饰容貌。天生丽质、妆容精致、保养得体的玛莲娜和她们相比，俨然独特、出众。她的出现，给小镇带来一股旋风，吹乱了所有人的心。她只要出现在街上，从老人到小孩，所有人的目光都围绕着她。这些目光有欣赏、有爱慕、有垂涎，但更多的是来自小镇女人们的忌妒。她们在玛莲娜经过的时候，不由自主地紧紧拉住自己丈夫的手，在私下谈论她的时候，用恶毒的语气说她一定是一个"浪荡的淫妇"。

玛莲娜的丈夫远去参军，传来阵亡的消息。小镇居民不但没有同情她，反而为这个消息沸腾。所有被她的美貌吸引的男人都蠢蠢欲动，都在想，如何能得到这个年轻貌美的女人。就连已婚的男士也有些坐不住。女人们呢？看着所有的男人的目光终日跟着玛莲娜，更加认定"她就是个淫妇"，玛莲娜的名声越来越坏。她的美丽将她推向了黑暗。

可厄运远不至于此。失去了丈夫、没有经济来源的玛莲娜不得不周旋于德国军人中间，用身体来换取食物维持生命。她真的变成了小镇女人口中的"荡妇"。德军战败撤出小镇后，西西里妇女们把玛莲娜拖出来暴打，她们对这个美丽的女人拳打脚踢，撕碎她的衣服，裸露她美丽的肌肤。她们面露凶残，满眼充斥着忌妒情绪的宣泄。

影片最后，玛莲娜再次回到小镇时，不再有精致的妆容、优雅的高跟鞋、年轻美丽的容颜。她身材臃肿，衣服破旧而不得体，终于成为和小镇上那些不修边幅的女人一样的普通女人。这时候那些女人带着同情的心，对她说："早安！"一句问候代表她们放心地接受了她。在她美丽得让人目眩的时候，大家视她为眼中钉，当她终于平庸，和群体无异时，人们接纳了她。

在长相普通的群体里，太过美丽是独特的，而这种美丽就成了罪过，优秀亦然。在平庸的人群中，太过优秀自会显得与群体格格不入。独特和平庸，竟然是那么水火不容。因为独特的优秀，对平庸是一种威胁。容纳任何一方，另一方就会受到损失。就如太过美丽的玛莲娜，她的存在时时搅乱小镇男人的心，危及女人们的家庭安全。所以，"木秀于林，风必摧之；堆出于岸，流必湍之；行高于人，众必非之。"这是人性的天然反应。出众之人大抵要遭受"玛莲娜式"的集体对优秀个体的吞噬。

所以，当我们不甘平庸选择独特的时候，一定要做好接受平庸之箭穿射的心理准备。但不必畏惧，既然我们拥有了上天赐予自己的独特，自然避免不了"众必非之"的状况发生，坦然面对就可。

有心理学家曾提出一个观点，人的思维模式可以分为两种：一种是固定心态；另一种是成长心态。持固定心态的人认为，自己的能力是一成不变的，世界的存在只是为了测验自己的能力。他们害怕失败，认为失败意味着对自己的否定，意味着自己能力的不完善。而持成长心态的人则认为，能力是可以成长的，世界可以帮助自己成长，因此他们乐于挑战未知，乐于从失败中总结和提高。对他们来说，按部就班的生活是无趣的，体味独特才有意义，哪怕失败也是一种收获。

大多数人属于固定心态。他们认为，大家的能力都是稳定不变的，自己置身的群体也是不变的。一旦身边有人在变，会引发他们内心的不安，并通过行动将引起变化的人排挤出圈子。这些人，一辈子固守现状，属平庸之人。

而少数人属于成长心态。他们认为，人生就是一场提升自己的修行，他们渴望自己能够不断成长，乃至卓越不凡。与众不同是他们的追求，一成不变的生活是他们不能容忍的。这部分人很容易创造奇迹，实现最高人生价值。可也会因为独特，在大部分人都平庸的环境里，就如"玛莲娜"，遭到讥笑、忌妒和排挤，有人承受不了非议选择了放弃退缩，但能够坚持到底成为强者的，也正是这少数人中的少数，而他们必将推动社会发展、文明进步，甚至改写人类历史。

人生一世，不过几十年，庸庸碌碌走完，如一抹风拂过，什么都不留下，是不是太过遗憾？趁着年轻，不要放弃拒绝平庸的激情，于平凡生活中保持一份独特，并让这份独特开出美丽的花。即便被忌妒、被打压，也要自信地对他们说："我就是我，是不一样的烟火。"

"不合群"是一件很冒险的事

在这一章里，林林总总说了很多不合群需要面对的不美好的事情。比如，会被孤立，会拉大人与人之间的差异性，会因为优秀而被群体视为眼中钉。

但还有一点，就是不合群表现出的独立、卓越，会让我们很难得到来自他人的关怀、理解、温暖等。因为在他们的认知里，独立的我们是没有痛苦难过、没有什么解决不了的，自然，也就不需要身边人给予的帮助、安慰和理解。于是，我们也就越发形单影只。强大，让人远离我们；柔弱，反而吸引他人靠近。这是一种人际生态法则。

举个例子，男生在找女朋友时，大多会选择小家碧玉型的女孩，很少会有人选择自己驾驭不了的女强人型的女孩。理由其实很简单：能干、独立、强大的女孩会反衬出男生的"短板"，而这是男生不能忍受的，但选择柔弱、渺小、依赖性强的女孩，就能避免自己的自卑，显示自己的强大，而这正是他们乐于追求的。

综上所述，选择不合群其实是一件很冒险的事。

可是，因为冒险，就不做吗？人生最大的风险是从不冒险！不冒风险看似安全，实则危害更多，为了不冒险，而选择去顺从众人，去合那些不适合自己的、不必要的群，一辈子在庸庸碌碌中浪费着生命，过着自己不想要的生活，这才是人生最大的悲剧！

讲一个两颗种子的故事。有两颗一模一样的种子，一起被扔进了地里。一颗种子想：我得把根扎进泥土里，然后向上生长，我要立于泥土之上，看到更多美丽的风景。于是，它努力长出根，努力汲取泥土里的养分，努力生长，终于，它从泥土里露出头来，并且越长越高，越长越壮实，成了一棵大树。每天迎着阳光歌唱，朝着远方伸展自己的枝叶。而另一颗种子，却躺在松软的泥土里，它懒洋洋地想：我若是生出根，向泥土里伸展的时候，可能会碰到坚硬的岩石，伤了我脆弱的神经；我若是长出嫩芽，向上钻出泥土，可能会被蜗牛一口吃掉……真是太冒险了，还是躺在这里比较好，既舒服又安全。后来，这颗拒绝生长的种子腐烂了。

两颗种子对待生命截然不同的态度，也给它们带来了截然不同的命运。人何尝不是如此？为了不冒险而安于现状的人，很有可能坐以待毙，失去自我，同时也让自己的人生黯然失色。相反，敢于冒险、勇于接受人生各种挑战的人，往往会坚定地迎着各种阻力、风雨不断向上，让自己强大，最终迎接属于自己的生命辉煌。

强者从来不畏惧冒险，因为那意味着要走与众不同的路，看大家都看不到的风景，到达大家无法到达的彼岸。当自己成功时，我们会为自己的冒险感到庆幸。

有时，我们在独行的过程中，会迷失方向，会承受失败的打击，但这算什么呢？我们都还年轻，有足够的时间来"试错""纠错"，调整我们的方向。我们走在与众不同的路上，我们的错误都是难能可贵的。我们留给后来追随我们脚步的人最宝贵的经验，给自己增加了走向成功的机会。爱迪生在发明灯泡的过程中，失败了1200多次后，说："这证明了有1200多种材料不适合做灯丝。"多年来，面对生活、工作中的失败、错误，我常以爱迪生的这句话勉励自己，不气馁、不妥协，鼓起勇气继续探索、前进。

只有不为了合群而放弃自我，才会有足够的时间内修自我，获得足够的独处空间独立思考。越孤立越努力，越被排斥越优秀。从这一点上讲，冒不合群的险，是很值的。

第 4 章

在孤独的时光里，雕琢更好的自己

对于大多数人来说，努力合群不仅因为自己不想"孤独"，还因为"孤独"和"与众不同"几乎是一对孪生姐妹，形影不离。合群的热闹和离群的孤独，你会如何选择？若不想平庸，孤独是不可丢弃的珍宝。因为孤独，才能真正认识自己、掌控时间，才能独立思考、静心学习，也才能塑造不同凡响的自己。

孤独若不是缘于内向,便是缘于卓绝

"孤独"这个词,单从字面讲,"孤"是单个的意思,"独"是独一的意思,好像是在强调"独自便是孤独"。于是很多人便简单地把"孤独"和"一个人待着"画等号。一个人吃饭,一个人看电影,一个人逛街……都被归为"孤独"。甚至有好事者列出了"孤独十级等级表"。

以前单身的我并没有感觉孤独,除了"忙""累"让我体会颇深外,并无其他感慨。一个人吃饭、一个人逛街、一个人看电影,也没觉得孤独;倒是跟一群人一起吃饭、一起唱歌、一起嬉闹时,心里常常会有浓烈的孤独。

一个人待着,只不过是表面的孤单,真正的孤独来自人的内心,它与人多人少没有关系。著名学者蒋勋在其著作《孤独六讲》中,把孤独分为六种:内心情感无处可诉的情欲孤独;字句无法沟通的语言孤独;理想未竟的革命孤独;压迫潜藏于人性内在本质的暴力孤独;哲学思考者不为人理解的思维孤独；以爱的名义捆绑和被捆绑的伦理孤独。"孤独六讲"的每一种都可算得上是真正的孤独。不合群之人内心的孤独，自然位列这六种之中。

但不合群之孤独，若不是由于内向，便往往是由于卓绝。与群体其他成员相比太过优秀，群而不合，孤独自不可免。因为卓绝，和周围的人无法沟通，深度思考不为人理解，高处不胜寒的那种孤独，无处可说，无处可安放。

虽然，卓绝会带来孤独，但孤独更能成就卓绝。唯有孤独能成全我们的与众不同。

年轻的人们都梦想着自己能与众不同，渴望优秀，但有太多的人不喜欢孤独，也不能正确认识孤独。记得多年前，张楚以专辑《孤独的人是可耻的》获得华语金曲奖，而这句话在当时年轻人群中甚是流行，并且还有一本以此命名的书，大讲孤独的危害，强调社会交际的重要性。人们拼命扎堆，参加各种聚会，想要以此来摆脱孤独，可越是如此，内心越得不到慰藉。

我有一个朋友，32岁了，没有女朋友，于是到处托人给他介绍，到处打听哪里有相亲会。我问他："你至于这么着急结婚吗？"他说，他实在受不了别人一见面就问他"你怎么还不结婚啊"之类的问题，好像不结婚就是不正常。他还告诉我，如果能尽快结婚，就不会让人觉得自己是孤独的人了。

如此放弃个性、失去自我地扎堆、合群，真的就不孤独吗？在人潮人海中肆意欢笑，心中真的就能真的开心吗？纵然两个人彼此相爱，彼此给对方温暖，也会有独自面对困惑、苦恼无处诉说的孤独。把美好的时光浪费在刻意合群的喧闹以及和孤独的抗争中，无疑是得不偿失的。

孤独难道就那么可怕？当然不是。当脱离母亲温暖的子宫呱呱坠地，成为一个独立的个体时，我们便开始了一段孤立、独自的人生旅程。孤独感就是从我们发现自己与母体永久分隔，与其他人毫无关联开始，根植于我们内心的。也就是说，孤独是我们生命中的一部分，一个人越是独立，就意味着他越是要孤立、独自面对这个世界。

既然如此，我们为什么要惧怕它、讨厌它呢？对于那些能够享受孤独、利用孤独的人来说，它不但不可怕，而且是高贵的、奢侈的。因为他们可以用此来学习，强大自我，完善发展自己的个性；他们利用孤独，让自己在不受外界干扰的宁静中优雅、从容地成长、成熟。

所以，想要优秀，想要与众不同，要先懂得什么是孤独，然后学着如何和孤独共处。我们若不能安然接受孤独，就很难做到与众不同，当我们真正优秀时，那我们一定是孤独的享用者。

有大成功者，必有大孤独。耐得住大孤独的人，自会迎来大成功。

只有独处的时候，你才是真正的自己

小时候，我们害怕一个人待在屋子里，总希望爸爸妈妈时刻陪伴在身边；上学了，我们住集体宿舍，睡觉一起睡，做梦一起做，课堂上更是拥挤着几十个人，去操场食堂也要搭伴而行，就连去厕所，都要生拉硬拽叫上一个同伴；上班了，白天办公室里人来人往，晚上跟朋友聚聚；回到家还有父母、爱人、孩子，共聚一堂。

细想来，这一路，一个人能够独处的机会实在是太少了。可即便如此，偶尔独处，很多人也是不愿意的。我时常听到有人说，"一个人在家真没意思""没有伙伴，好无聊啊""一个人待着，时间过得好慢"。所以，他们想方设法把这点独处的时间用交际塞满，与朋友煲电话粥、吃饭、游逛……

曾经有一段时间，我的一个大学同学频繁约我出去喝茶。长久以来我俩关系并不是很密切，所以初接到他约我喝茶的电话时，有些诧异，心想或许他是有事要跟我说，所以放下手头的工作急匆匆就去赴约了。可闲聊了一下午，什么事情也没谈。自此，类似的邀约几乎每星期一次，我试探性地问他："为什么总约我出来喝茶？"他说，老婆带孩子去国外度假了，他实在不习惯一个人待在家里。上班的时候还好凑合，忙一天回到家看看电视就倒头大睡，第二天爬起来洗把脸再去上班。最愁的是休班的时候，一整天都待在安静的屋子里，很是无聊。所以就想着找个人聊聊天，可偏偏他的工作属于轮休，很少在周末休班，他闲得发慌时别人都在单位上班，想找个人说话消磨时间都不那么容易。想来想去，就想到我了，因为我的工作时间自由，不受朝九晚五限制。这番话聊完，我再没赴他的约。他的时间多得打发不了，我的时间可都是很宝贵的。

看来，独处也是一种能力，不是每个人都具备的。

可是，我们太需要具备独处的能力了。一个不会独处的人，是一个彻底丢了自己、内心不独立、精神不完整的人。没有学会独处，永远不会真正认识自己，也难成为一个优秀的人。

因为，只有独处的时候，我们才可以完全成为自己，一个真实的自己。当我们盲从于群体，压抑自己的真性情而迎合他人时，是戴着面具伪装起来的，同时也有很多顾忌、很多不自由。而独处时，一切伪装都不需要，一切顾忌都不存在。我们可以完全放松下来，听从自己的内心。即便是哭，也可以肆无忌惮地以自己最为痛快的方式大声哭出来，而不是需要隐忍。

这个时候的我们，是那么的纯粹和真实，没有任何标签，不被任何世俗异化。所以，我们才能在这时候更真切地看清自己、了解自己。置身

群体，我们往往只顾着看别人，把别人的一举一动、一言一行看得清清楚楚，偏偏忘记了看自己。独处的时候，是最接近自己的时候，用这个时间认真看看真实的自己，实事求是地评价一下自己的优、缺点。这样，我们才可以把过去经历过的苦痛翻出来"晾一晾"，体味一下当初它带给自己的伤感和挫败感；把曾经历过的快乐拿出来"晒一晒"，感受一下当时的欣喜和幸福，或许会有新的发现与感悟。

独处的时候，还是心灵成长的最佳时段。我们可以和自己的内心对话，问问这颗心，最近累吗？有什么解不开的困惑吗？有什么计划需要完善？忙于交际合群的人，是无暇关照自己的心的，他考虑更多的是别人的感受。只有独处，才能让我们有足够的时间体恤自己，对自己的内心世界进行一番"整理"。我们可以盘点一下过去的得失成败，再梳理一下眼前的经历，总结新的经验，把这新的经验和旧有的感悟做一个恰当的链接，就好比给凌乱的房间打扫，规整一下家居，使之进一步完整、完善。

独处的时候，更是学习、思索、进步的好时机。我们可以关掉电视、手机，给自己泡一杯清茶，翻开很久以来一直想读却没能抽出时间亲近的书。屋子里静静的，静得可以听到钟表指针转动的嘀嗒声，这声音让我们的心越发宁静，这一刻在我看来，幸福而又珍贵。

如果我们有这个幸运，能够有足够的独处时间，那么真该祝贺你。好好和自己单独相处，好好享受这个美好的时刻；如果我们终日忙碌，没有时间独处，那么减少一些不必要的交际，留一点时间给自己。因为，追求卓越的我们，是时候单独和自己待一会儿了。

低质量的社交，不如高质量的独处

说实在的，社交是有品质之分、质量高下之别的。因此不要抱着"人脉就是钱脉，多认识一些人，多得到一份商机。""多一个朋友多一条路"的想法，到处结交朋友，合群触圈子。这样的想法很容易让我们陷入低质量，甚至是无用社交的泥沼，导致白白浪费时间、浪费精力、浪费金钱。

说到底，低质量的社交表现主要有以下几方面：

低质量社交表现之一：热衷于广交朋友，辗转于各种应酬，却与家人在一起的时间很少。我的一个朋友就是这样一个人，他一年里能在家吃晚饭的次数十根手指就数得过来，四岁的女儿说，都快忘了爸爸长什么样子了。每天晚上她睡着之后爸爸才回家，早晨醒来去幼儿园的时候，爸爸还在呼呼大睡。偶尔跟爸爸坐在一起，就看他的两部手机不是这个响就是那个响，各种电话、短信、微信，接个没完。我很想问他："这么忙，付出与收获成正比吗？"最终忍住没问，我想他不会有答案，因为他没有时间去考虑这个问题。

追求"朋友多"，很容易导致一个结果，那就是"没真朋友"。因为你把时间和精力泛泛地给了很多人，频繁在这些人中间穿梭应酬，维持的不过是浅层次的交往。很多人甚至是点头之交，消耗太多，所得甚少，当然低质量。

低质量社交表现之二：所交往的人和自己不来电、不合拍。也就是说，不是一路人。现在流行的一个词"社交尴尬"，可以很好地说明这种社交让自己有多难受。我们在说天文地理，他们回我们股票基金；我们聊最近看的电影如何充满正能量，他们关注的点却是这部电影投资多少钱……如此牛唇不对马嘴的、无论我们怎么努力都找不到切合点的交流，除了让自己感觉累和尴尬之外，还会有别的收获吗？

周国平有一段话说得很经典："在多数场合，我不是觉得对方乏味，就是害怕对方觉得我乏味。可是我既不愿忍受对方的乏味，也不愿费劲使自己显得有趣，那都太累了。我独处时最轻松，因为我不觉得自己乏味，即使乏味，也自己承受，不累及他人，无须感到不安。"觉得对方乏味，对方觉得自己乏味，这样的社交，质量自然不会高。

低质量社交表现之三：交往对象质量不高，或者说其内在认知和自己不对等。俗话说"人往高处走"，可若结交的人不能带给自己积极的影响和高层次的精神领悟，那大家在一起，除了聊家长里短、凡俗事物等无营养的话题外，再无别的可说，时间久了，不仅仅是时间上的浪费，更重要的是，我们自己的格局可能会走向低处。

这种低质量的社交会消耗我们太多的能量，远离，是唯一明智的选择。

可很多时候，我们把独处的时间给了手机、电脑、电视，让朋友圈、游戏、电视剧消耗掉了它们，长此以往，我们的社交，只会质量越来越低，我们的格局也将会越来越狭隘。

青春、时光，就这样慢慢溜走。当生命走到尽头，再懊悔自己的所作所为，那还有何用呢？逝去的时间不会重来。趁正年少，远离低质量的社交，给自己适当的独处，用知识、技能以及更多有意义的事来武装自己的内心和头脑。

艺术注定孤独，合群难免重复

美国75岁音乐家鲍勃·迪伦获得了2016年诺贝尔文学奖，被评为"在伟大的美国歌曲传统中创造了新的诗歌形式"。可以说，鲍勃半个多世纪以来，一直遵从自己的灵魂，走着独特的创作之路，写诗、唱歌、弹琴、作画，从未停息，宣奖前夕，他还在拉斯维加斯举办了一场音乐会。

早在20世纪60年代，鲍勃·迪伦就奠定了他在美国伟大诗人和摇滚音乐教父的地位；他的歌《答案在空中飘荡》满含反战民权等议题评论哲学诗歌，在继承传统民谣摇滚乡村蓝调等基础上有所创新，因而20世纪80年代入选美国摇滚名人堂，90年代获格莱美终身成就奖，1996年、2006年两次获得诺贝尔文学奖提名。

鲍勃是美国民谣的超级巨星，粉丝无数。1965年完成英国巡回演出后，迷恋英国摇滚节奏，创造了民谣摇滚新风格，专辑《重返61号公路》广受好评，却也遭到纯民谣歌迷的反对，但他不为所动，依然我行我素；

2010年奥巴马在白宫举行人权运动音乐会，邀请他演唱，但他依然特立独行，连与总统夫妇合影留念也无兴趣，但奥巴马却很赞赏；克林顿说他的贡献为"激发国家良心的贡献"！20世纪60年代中期他被摩托车撞成脑震荡，养病期间学画作画，40年后举办了个人画展！他的内心独白回忆录《像一块滚石》成畅销书！

可以说，没有孤独就没有艺术。孤独成就艺术，同时艺术需要孤独。绘画、书法、雕刻、音乐、写作……哪项都不例外。

首先，孤独让艺术创作者从世俗的喧闹中脱离出来，得以有大量的独处时间和安静的独立空间，去进行艺术的创作。孤独是艺术创作的前提、基础和必备条件，艺术创作的地方不应该是个热闹的场所。钢琴家傅聪说："伟大的艺术家存在一种伟大的孤独。"纵观古今中外，那些在艺术道路上取得璀璨成就的艺术家，没有哪个不是孤独的。

马克思是孤独的。他在长达四十多年的时间里，孤独地坐在大英博物馆，如饥似渴地研究政治经济学，从早晨博物馆开门到晚上博物馆闭馆，一坐就是一天；孤独地坐在书桌前，把几十年的研究成果集结笔端，写出科学巨著——《资本论》。

康德是孤独的。他一生深居简出，没有爱好，没有社交，甚至终身没有结婚，生活规律而单调。起床、吃饭、喝咖啡、写书、散步……一天里，除了出门讲座，大部分时间都是一个人静静地独处一室，著书写作，其中《纯粹理性批判》是他最重要的学术著作，也是西方哲学史上最重要的著作之一。

罗丹是孤独的。为了完成一件雕刻作品，他常常一个人长时间待在工作室里，对着一块石头细细揣摩、盘算。而动工之后，更是停不下来。有个故事讲他接待一个作家朋友，本来是想请作家朋友欣赏他的作品，结果因为发现一点点瑕疵，所以专心投入修改，以致忘了朋友。直到他认为作品修改满意之后，才想到朋友还没走，可这时已经过去了3个小时。而这位作家朋友从罗丹工作时候的聚精会神、忘我投入的举动中有所领悟，觉得自己在文学道路上之所以不顺，是因为自己肤浅急躁，耐不得孤独。告别罗丹，这位作家从此闭门谢客，发奋读书、专心写作，最终成为一代文学巨匠。这个人就是茨威格。

徐霞客是孤独的。他孤独地行走了三十年，足迹踏遍名川大山。即使风餐露宿、忍饥挨饿，也不曾停止脚步。夜里，他独坐枯树下，点燃一堆柴草，借着火光写下一天的所见所闻，日复一日，终完成了地理名著——《徐霞客游记》。

杨绛为了给自己更多的时间工作，常常婉言谢绝记者的采访，闭门谢客。90岁寿辰时，为了避开祝寿的人，她专门躲到清华大学招待所，专心做自己的学问。

路遥为写《平凡的世界》，将自己封闭在陕北深山老林里的一个煤矿里，在孤独的状态中进行高强度的创作……

这些人之所以成为巨人，之所以成就斐然，最重要的就是耐得住孤独和倾心的投入。别说我们没有天赋，我们成不了艺术家、有成就的人，若耐不住孤独，不能让自己置身孤独中，再有天赋也终将平庸。相反，若能持之以恒、专注如一地投入做事，保持一份孤独的状态，即便天赋不高，也终有大成。

其次，孤独能够让艺术家于宁静中进行深邃的思考、创作，能够和自己的心对话，激发源源不断的创作灵感。古人云："居不幽者思不广，形不愁者思不远。"孤独是思想飞跃的翅膀，在孤独中，思维可以向更开阔的方向拓展，思想可以向更深远的空间延伸。那些光芒万丈、超越世界的思想火花，总是在最孤独的时刻迸发。能孤独，才能专心；能专心，才能深入。

记得有一位作家说："灵感是神的降临，忌讳俗事搅扰和生人在场。

为了迎接它，写作者必须涤净心庭，虚席以待。"所以，智者珍惜孤独，于俗世中创造机会让孤独伴随自己，以保证心灵不被打扰、灵感不被打断。也就是说，一个人的孤独有多深，艺术水准就有多高，艺术品质就有多高。看看那些与孤独为伴的卓越艺术家们，孤独中的积淀，让他们在艺术的史册中名垂千古。

艺术注定孤独，孤独中诞生的艺术品也因为独特而极具价值。真正的艺术品也是孤独的，后人可以仿制其型，但永远仿效不出它们的内涵和精神。看看人类历史长河中熠熠闪光的那些艺术瑰宝，正是因为独一无二，它们才流传百世而不灭。艺术中没有"合群"一词，若不独特，艺术便不是艺术，而是产品，相应地，艺术家也不是艺术家，而是流水线工人。相互模仿、相互抄袭，永远诞生不了艺术。

但凡想要成就一番事业的人，都需具备甘于孤独的修为。没有随随便便的成功，任何领域的精英，在成为精英之前，都需要经历孤独的磨砺，才能厚积薄发，迎来事业的辉煌。

最孤独的时光，塑造不同凡响的自己

现在用智能手机的人，几乎都用微信。第一次用微信的我，被启动页面那个画面给震了一下：浩瀚的宇宙中，巨大的蓝色星球——地球，散发着幽冷的清辉，一个在地球的衬托下显得微小的身影，在眺望着它。整个画面散发着淡淡的孤冷，却又涌动着丝丝暖意。孤冷的感觉来自孤独的地球，孤独的小小身影；暖意却来自身影和地球之间默默对望、互相倾诉的情义……

把这张图片送到亿万手机用户眼前的人，叫张小龙。他因为创造了微信，被称作"微信之父"。他在解释这张图片的时候说："每个人都是孤独的。"

张小龙尤其是。程序员出身的他喜欢在深夜里埋头写代码，平时说话很少，除非遇到自己感兴趣的话题；相反，即便对方口若悬河，他也顶多回一个："嗯。"大多时候保持沉默。张小龙只有两个业余爱好：每周打一次高尔夫球和每天深夜听音乐。他的大学室友说，上学那会儿，他经常在夜深人静的时候去宿舍外的池塘钓虾，在浓浓的夜色中，静静地坐在那里，如石化了一般。工作之后深夜钓虾的习惯改成了一个人打高尔夫球，就算是疏解工作压力的消遣，也是孤独的。

而除此之外的时间，张小龙沉浸在自己的工作中。他第一件让业内震惊的作品，就是被列入"十大国产软件"的Foxmail，而这一软件是他自己一个人利用业余时间开发出来的。而第二件作品，就是人人都在使用的微信。

微信推出后迅速风靡，仅一年的时间用户就过亿，获得赞誉无数。这是张小龙和他的团队历经三年的孤独和夜以继日的打拼换来的。那段日子里，张小龙把自己和同事们关在一间几十平方米的房间里，整日和几十台计算机为伴，忙到没时间吃饭，舍不得花时间去睡觉。饿了吃点零食，困了趴桌子上眯一会儿。可以说，那段时间充满了道不尽的艰辛。后来，同事们管那间办公室叫"小黑屋"，而他们都是被关在"小黑屋"里的孤独者。但就是这些被关"小黑屋"的人，在孤独中创造出了耀眼的功绩。

张小龙后来成为腾讯高级副总裁，但他不愿意参加每周一次的例会，起初借口"起不来"，马化腾安排自己的秘书按点叫他起床；后又借口"路上太堵，怕赶不上"，马化腾于是每次例会前派车去接他。他再也找不到任何借口，可内心充满了不情愿。他喜欢一个人待着，独对电脑屏幕，查看一排排数据，翻阅密密麻麻的资料。那一刻，他一如微信登录页面上那个地球眺望者，孤独地观察、孤独地思考，然后朝着更高的目标进发。

张小龙说："我从没有见过一个不孤独的人，会发出耀眼的光芒！"最孤独的时光，是最珍贵的财富，是能让一个人发出耀眼光芒的财富。委实该重视它、珍惜它。

看一个人是否优秀，最直接的方法就是看他如何利用独处的时光。八小时工作时间、学习时间，大家都一样在忙，但八小时之外的悠闲时光，决定着人与人之间的差距。有心理学家把一个人自我独处时的状态分为舒适区、学习区和恐慌区三类。舒适区是纯粹消遣、玩乐，轻松无压力，但也不会带给人任何成长和进步；恐慌区则是让人感到焦虑，所做的事情会给自己很大压力，觉得超出自己的承受范围。这两种状态都是不可取的，是对独处时间的浪费。学习区是理想的状态，根据自己的实际情况确定努力的目标和方向，制订学习计划，将独处的时间充分利用起来，从而在高质量的独处时间内提升自己。

我们可以检省一下自己，看看工作之余的闲暇时间，我们是把自己放在哪个区。在年轻人中，有很大一部分人，是属于舒适区，看似闲适实则是无聊、枯燥地打发独处的时间。在现代都市里，有一个庞大的群体——"空巢青年"，即一个人漂泊在异地、独居的单身年轻人。之所以称他们为"空巢青年"，是因为他们下班之后的绝大部分时间，是一个人在屋子里待着。我曾对这一群体的独处生活状态做过简单的调查，接受调查的人中有一大半是处在舒适区。他们下班回到住处，第一个动作是把自己甩到床上，刷一会儿手机，然后叫个外卖。吃饭时间也是手机不离手的。肚子填饱后继续往床上一倒，继续刷手机，或者看电视。用他们的话说，他们可以"长时间在手机和电脑之间无缝切换"。还有一拨人痴迷打网游，一

个人在房间里也能弄出各种枪械打斗声，打完一局还有下一局，常常玩到凌晨，欲罢不能。周末不需要上班，很多人可以在床上躺着看一天电视……

只有很少一部分人会在学习区和恐慌区奋斗。当然，调查结果并不能代表全貌，毕竟范围窄，选择的调查对象行业分布也不均衡，所以准确性有待考证。用到此处，旨在说明一点：独居的年轻人，正值青春年少，精力充沛，又有大把可自由支配的独处时间，正是提升自己的良机，切不可浪费。

趁孤独正当时，塑造最不同凡响的自己！

第 5 章

个性与梦想写在优秀者的基因里

若合群是以放弃自我为代价,那么合群带来的只能是迷失自我。远离平庸,必须与众不同。保护好自己的独特个性,敢于走少有人走的路,做到独一无二,我们自是无可替代。

物以稀为贵，人以不同而稀缺

何为"物以稀为贵"？晋代葛洪所著的《抱朴子·明本》中言："然物以少者为贵，多者为贱。"一少，一多，一贵，一贱，互为因果，互相转化。从中可看出，物贵有两种可能：一则可能贵在自身价值上；二则可能贵在"有用但稀少"上。这几年的"蒜你狠"最能体现"物以稀为贵"的个中道理。

推而论之，人的价值体现也可以分为两种情况：一种是在众多同行中的最强者，即同等条件下，创造价值最高的为贵；另一种则是与众不同者，即没有竞争者的稀缺人才，以有用而稀缺为贵。

两种成功模式，选择哪一种更容易呢？前者是在很多人都在走的路上，和太多的竞争者互相追赶。要跑到前面，需要付出比常人多出数倍的汗水和努力，稍有松懈就有可能被别人超越，或者被对手联手击垮，从此落于人后，永远踩着别人的脚印前行，没有出头之日。而后者则是一条没有人走的路，纵然因为没人走而荆棘密布，但无人追赶，无人阻拦，尽可以施展自己的才能，披荆斩棘，走向坦途。

这两条路，其中难易可以打个比方：一群马驰骋在大路上，从我们眼前呼啸而过，我们能记住里面的某一匹马吗？恐怕就算是跑在最前面的那一匹领头马，也只是多瞄了一眼，随后就模糊了印象。而若只有一匹马从我们眼前走过，那它的鬃毛颜色、耳朵形状，估计我们都能看得清清楚楚。也就是说，走一条从众之路，很难脱颖而出，显出我们的价值来；另辟蹊径，走一条与众不同的路，则很容易凸显出我们的价值。

在丛林里，有一个三人组的狩猎团队，他们通过每天用长矛扎死兔子、山狸等小动物来维持生计。我们想加入他们这个团队，他们问："你们会用长矛吗？"我们点头。于是他们收留了我们。可是，在跟他们一起狩猎的过程中，我们发现自己扎长矛的技术远不如他们，每次我们把长矛掷向猎物，眼睁睁地看着猎物带伤逃跑，又眼睁睁地看着同伴补上一击，收获成果，我们心里就很失落。更让我们苦闷的是，因为技术不突出，我们在团队里不受重视，大家都倚重那个扎长矛最厉害的人，对我们则完全是一副可有可无的态度。

不得已，我们苦练扎长矛的技术。但始终无法超越那三人。有一天，一个长者经过丛林，他悄悄对我们说："扎长矛不是你的长项，你可以试着挖陷阱。"长者一句话点醒了我们，我们的身体不如那三人矫健，胳膊不够修长，再怎么苦练，这长矛也没他们扎得准、狠，为何不换种方法呢？我们于是扔了长矛，试着学习挖陷阱。经过一段时日的潜心琢磨和研究，我们挖的陷阱成功捕获一头野猪。另外三人大喜，这庞然大物抵得上多少只兔子、山狸呀，够我们吃好几天了。此后，我们挖陷阱的技术日益成熟，每天都能捕获到猎物。那三人也不到处扎长矛了，而是跟在我们身后，等猎物坠入陷阱试图爬出来的时候，他们负责对猎物执行死刑。渐渐地，团队转而以我们为核心了，因为在他们看来，如果缺少了我们，团队损失就会很大。

可见，当我们追随大众的脚步，在人群中左冲右突，身心疲惫却难以脱颖而出的时候，不妨停下脚步，重新审视自己。找到自己与众不同的最佳潜质，然后另辟蹊径，让自己成为稀缺人才。不从众才能出众，这是提升自己人生价值的便捷途径。

这需要我们对自己有足够的了解，能够精准发现自己与他人不同的地方。然后，把专注力集中在这一不同点上，深度挖掘，从而锻造出与众不同的能力。在此过程中，少不了不断学习的态度。在这个瞬息万变的时代，必须保持终身学习的姿态，不断更新自己的知识体系，刷新自己的思想，才能保持敏锐的头脑、深度的思考能力，才能把握社会的发展趋势、把握自己。

需要补充一点，任何时候都要对自己充满信心。不要认为自己就如浩瀚沙漠里的一粒小小的沙子，没有天赋异禀，没有突出的差异性，注定要深埋于沙堆。要知道，即便沙漠浩瀚，也没有两粒完全相同的沙子。人更是如此，每个人都有与众不同之处，认准了方向，只管前行。

人的能力不是一成不变的，"天赋"固然有用，但后天的努力更不可或缺。挖掘潜力，仔细规划，深入学习，塑造发展，坚持不懈，我们就能走出一条与众不同的路、一条通往优秀的路。

世故不是成熟，独特个性的形成才是

当我们从意气风发的青春年少的时光里一路走来，增加的不只是年龄，还有各种挫折、碰壁以及失败。这些磨砺把我们身上那种"初生牛犊"的闯劲、方刚的血气、蓬勃的朝气一点点打磨掉，鲜明的个性、棱角被一点点磨平，于是我们逐渐变得温暾、圆滑，学会了拐弯、躲闪，懂得了伪装自己、麻木、随波逐流、嘻嘻哈哈……总之，我们变得世故。领导、长辈说，这才是真正的长大、成熟。

因为很多人如此界定长大、成熟，所以他们对自己的孩子从小灌输类似的思想，告诫他们要听话、要安稳、要中规中矩，不要有异于常人的想法。孩子在他们的训诫下，按着他们规划的路线，按部就班地学习、工作、结婚、生子，每一步都走在画好的框框里，不敢逾越。他们是长大了、成熟了，可是，他们的内心幸福吗？

我听过很多父母眼中的乖乖女、听话儿子的心事，印象最深刻的是一个叫夏宁的女孩子。她从小乖巧听话，被父母安排着学舞蹈、学画画，然后进父母托关系找人联系的重点学校，考大学选专业是父母填写的志愿，大学毕业听从父母的安排，回父母所在的城市，进了一家事业单位，然后考公务员，得到一份安稳的工作。又在父母的安排下，相亲、结婚，有了安稳的小家。在亲戚朋友眼里，她是一个有福气的女孩子，一路顺风顺水，每一步都走得稳稳当当，该拥有的都拥有了，这辈子什么都不用再愁。

可是，深夜睡不着觉的时候，夏宁常常听到从自己内心发出的沉重叹息声。她内心有很多不甘：考大学选专业时，她想学舞蹈；毕业时，她想跟同学一起去南方；有那么多她想选择的工作，如今再没有机会尝试了；身边的爱人，也不是自己喜欢的类型……"唉，如果我是个不听话的小孩，那我现在是不是可以过着自己想要的生活？"这些不甘，使得夏宁内心郁结，心中的不快乐始终无法释怀。

在我们身边，其实有很多"夏宁"，自认为长大了、成熟了，却心存遗憾。

如果说成熟代表着没有主见，人云亦云；代表着见风使舵，阿谀奉承；代表着看到雨点就赶紧打伞，听到风声就立刻关上窗户，怕撞南墙就永远不往南走；代表着把"枪打出头鸟"当警钟敲，始终警示自己不冒头，不出众；代表着循规蹈矩、遵从常理……那我们宁可不要所谓的成熟。

世故并不是成熟，前者意味着独特个性的消失和真实自我的丢失。如果接受这样的成熟，也就等于接受了千人一面的生活。

真正的成熟是独特个性的形成，是真实自我的发现和呈现，是精神世界的充盈和丰满。换句话说，做自己，一直坚持自己的独特个性，无论碰多少壁，受过多少打击，都不忘初衷，不改本色。这，才是成熟。

只有坚持自己的独特个性，张扬自己的个性，才能充分展示自己独特的一面，活出真实的自己。只有尊重真实的自我，才能了解自己，认识自己，看清自己的内心所需，看清真正适合的位置，以自己喜欢的姿态去拼、去闯、去感受人生。无论成败，只为走到人生终点时，回想走过的路，心里没有遗憾，才算没白到这世上走一遭。

有"百变天后"称呼的王菲，她无论怎么变，始终坚持一点，就是尊重自己的个性。在娱乐圈，王菲的个性独特是人尽皆知的。无论是批判还是颂扬，她从不在意，更不会做出改变，以迎合大众的口味。她以自己喜欢的方式唱歌、生活，守住了一份真实的自我。正是这份坚持成就了她独特的个人风格，无论是她的音乐还是外在造型，都因为个性鲜明而成为歌迷们追捧的风向标。

大海有大海的壮阔，小河有小河的清幽。不必羡慕别人身上的独特，每个人的身上都有与众不同的地方。我们有自己的个性，特点鲜明，别人无法效仿。只要以正确的打开方式，绽放自己的个性，我们也一样会有与众不同的美丽。即使有失败、有挫折，那也是丰富人生的阅历，可以增加创业的经验。只要坚持，我们就是最好的自己。

当然，凡事都有个度。坚持自己的独特个性不等于唯自己独尊、孤芳自赏，不等于目空一切、放纵不羁。既要看到每个人的独特之美，这种独特不分对错优劣，又要尊重每个人的与众不同。欣赏自己的同时，不要忘记给别人掌声。

做自己，才是真正的独一无二

网络上曾流行过一句，"不做盗版的别人，只做限量版的自己"，喜欢这句话的人多，说明大家开始意识到，合群、随大溜是对自我的忽视，应该摒弃盲从心理，尊重自我个性的发展。

的确，每个人都是"限量版"，只有做自己，才是真正的独一无二。

美国名闻遐迩的作曲家盖什文不仅才华横溢，而且在音乐方面有自己独特的风格，取得了卓越的成就。因为喜欢《茶花女》这部作品，他产生了跟其作者，意大利作曲家威尔第学作曲的想法。但当他远渡重洋去拜访威尔第时，威尔第却谢绝了他，并且说了一句耐人寻味的话："你已经是一流的盖什文了，何苦还要成为二流的威尔第呢？"这句话其实是在告诉盖什文："你是自己的第一，但若向我学习，无论学得多好多像，也只能做'威尔第第二'。"既然自己如此优秀，何苦在追随别人的脚步中迷失自己呢？

这句话同样也值得我们细细品味并加以珍存，用它来时时提醒自己，我们可以学习别人的优点、长处，但是不可盲目追随，活成别人的复制品。看看效颦的东施，就是最好的证明。与其花过多的时间和精力去追随别人，不如内观自己，找到自己与众不同的特质，去雕琢塑造，将这份独一无二做到最好。

众所周知，郑板桥的书法自成一格，非隶非楷，非古非今，被称为"板桥体"，开创了书法历史的先河。其书法作品成为我国优秀的文学艺术遗产，受到世界范围内的文学艺术家的重视。相传，自幼酷爱书法的郑板桥最初终日苦练历代著名书法家的各种书体，经过一番潜心临摹，他的临摹水平几乎达到以假乱真的地步。可是，这些看起来和前人写得几乎一模一样的字，并没有受到当时人们的欣赏，他也没有因此而被肯定和关注。郑板桥自是心内不服，于是每日如醉如痴更加刻苦研究别人的字体。

这天半夜醒来，再也睡不着的郑板桥用手指在自己的大腿上写起来，写着写着不知不觉就写到了睡在旁边的妻子身上。妻子被惊醒，不满地把他的手推开，说："你有你的'体'（身体），我有我的体，为什么不写自己的体，写别人的体呢？"言者无心，听者有意，郑板桥从妻子的话中得到了启发，那就是"各人有各人的身体，写字也各有各的字体，我为什么一定要学别人的字体，而不写自己的呢？写别人的字体，写得再好，也不是自己写得好"。于是，郑板桥转变思路，取各家之长，融会贯通，再加之自己的风格和特点，独树一帜地创造了"六分半书"，即"板桥体"。这种犹如"卵石铺街"，可以雅俗共赏、让人眼前一新的字体深受人们喜爱，他也因此成为享有盛誉的书画家。

试想，如果郑板桥执着于临摹别人的作品，那我们记住的恐怕只是他如何擅长临摹名人的字体，而不是郑板桥。

每个人都怀揣着梦想，渴望成功。但在奋斗的路上，我们不必仰望明星达人，不必羡慕别人的成功，不必一味效仿别人，期望获得同样的收获和成果。牡丹有牡丹的雍容华贵，玫瑰有玫瑰的娇嫩艳丽，每朵花都有属于自己的美丽。我们要做的，是坚定地做自己，绽放我们独有的美，散发我们独有的芳香，只有这样，才会拥有我们独一无二的人生。

做自己，首先要接受真实的自己。有的人总是对自己不满意，总感觉自己不如别人，这里有缺点，那里有遗憾，甚至产生自卑、自弃的灰色心理。我们要转变这种心态，学会接受自己、悦纳自己，善待自己。要知道，人是没有十全十美的，每个人都有缺点和不足。能够正确对待的人，才是智者。

其次，要慧眼识自己。任何事物都有两面性，缺点的对立面是优点，承认了缺点的存在，才能用最本真的目光审视自己，探寻自我，找到能展示独特自我的核心，然后激发其潜在的能量，助我们实现独有的人生价值，活出不一样的自我。

坚持做自己，相信自己就是最好的。不仰视伟岸，不妄自菲薄，不盲从权威，不迷失自我。因为独一无二，所以不可复制、无可替代。尽我们所能，把"限量版"的自己做到最好，在适合自己的位置上，绽放属于自己的独特光彩，就是走向成功的开始。

差异化就是能让你做到第一名的特质

想必很多人都看过黄宏表演的小品——《美丽的尴尬》。小品大致是讲：黄宏的老婆，因为丑得很有笑点而被电影导演选中。为了实现明星梦，她跑去整容，摇身一变成为美女。结果，回家后老公认不出来，老妈也没认出来。黄宏的领导来家里，看到整容后的黄宏老婆，误以为黄宏有外遇，当即产生取消升迁他的想法。更让人啼笑皆非的是，导演因为她整容变漂亮了，而把原定由她出演的角色给了她母亲。理由是，整容之前的她丑得与众不同，整容之后的她尽管漂亮了，但也失去了她的特点。

看完小品哈哈一笑之后，想到一个词——"差异性"。在满眼都是美女的演艺圈，美便成了普通，丑才是独具一格。小品中的女主人公因为本来拥有"丑"这一差异性而被导演选中，结果却跑去整容，把这一差异性整没了，自然也就失去了自身的优势。

每个人都是独一无二的，可因为随大溜，趋大同，追时尚，赶潮流，闹得一群人一个模子般，难分你我。在这个竞争激烈、追求独特的时代，没有差异化，势必泯然于众，是很难获得成功机会的。比如，我们去应聘一个职位，有数百人在等候面试，这个时候我们多么希望自己有和别人不一样的地方，能让主考官在数百人中，一眼注意到我们。而这个和别人不一样的地方，就是差异化。因为唯有差异化能让我们与众不同，能让我们在群体中脱颖而出。

当然，这个差异化一定是要建立在公众道德基础上的，一定是优点，是能打动人而非让人厌恶的。假设大家都西装革履，我们把蓬头垢面当作差异化，那自己收获的一定不会是欣赏式的关注。我们做到了"第一"，但得不到自己想要的成功。

那么如何让自己具有广受大众认可的差异性特点呢？其实，每个人天生就具备与众不同的特质，只要用心去发掘，然后进行雕琢，都能做到和别人不一样。

除此，还有些共性的东西可以借鉴。比如，要有勇于打破常规思维的创新意识，不按常理出牌，别人都在如此做，我们不妨反着来。有位成功人士说："你做着和其他人一样的事，却想要脱颖而出，这是不可能的。"话很直白，可道理深刻。

有一个叫郝坷的男孩，从小性格内向，不善言谈。大学快毕业的时候，看着同学们四处投简历，走马灯似的去参加面试，他心里很打怵，觉得以自己木讷的性格，不能应对面试考官的提问。他找学长们取经，请他们对自己进行指导。学长嘱咐他："一定要稳重，不能做出格的事，要给主考官留下好印象。""考官问什么问题答什么问题，态度要恭敬。""一定要遵守面试纪律，不能乱说话，不能乱走动，不要乱动办公桌上的东西，要有修养。"他一句一句都记在心里。

郝坷跟着同学们参加了一场又一场面试，紧张、慌乱、语无伦次，他的表现一直很糟糕。结果可想而知，他始终没有接到被录用的通知。沮丧的他给爸爸打电话诉说苦恼，爸爸对他说："内向、不善言谈，不是缺点，你要自信。当所有人都伶牙俐齿、八面玲珑的时候，你的内向、不善言谈会让你和他们不一样。只要你做好自己，真实面对考官，相信他们会在众多人中对你印象深刻的。"

郝坷觉得爸爸说得有道理，于是他调整了心态，再次走向面试考场。当他到现场时，已经排了很长的队，于是他站在队伍中耐心等待，可是过了很久，前面还有21个人。他搓着手想："不能再干等下去了，不然没等到我，考官就下班了。"可学长们都嘱咐他，一定要遵照程序，不能做出格的事。万一自己有什么不妥的举动，岂不是一切都泡汤了？他犹豫了，这时耳边想起了父亲的话："你会跟他们不一样……"于是，他下了决心，要做和其他人不一样的事。

不一会儿，从郝坷手里传出一张纸条，这张纸条经过一个又一个应试者的手，最后递到了主考官的手里。主考官打开一看，上面写着：您好！请您不要看过前21个人后就做决定，因为我是第22个。主考官忍不住笑了，他好奇地看向队伍后面，把郝坷从队伍中叫出来，先对他进行了面试。意外的是，郝坷并没有像前几次那么慌张，虽然依旧说话不多，但句句平实有见地，他觉得他做到了展示最好的自己。

几天后，郝坷接到了录用通知。后来，那天的主考官对他说，"是你的勇敢和别具一格的自荐打动了我！"若没有那张纸条，主考官或许根本不会注意到郝坷，因为他在那一拨应聘者中实在太普通了。

郝坷的成功在于能够做好自我定位，然后制造差异。在日常生活中，很多时候，哪怕一个小小的细节做得与别人不一样，差异也会被制造出来。比如小吃街上有好多家小饭店，家家门脸都差不多，菜品内容也没多大差别，初来乍到的顾客压根看不出各家有何差异。但老顾客都知道，其中一家饭店的老板娘特别暖心，她能记住所有来吃过饭的顾客的口味、偏好。只要来过一次，下次再来，刚坐下，老板娘准笑容满面地迎过来："您不吃辣，还吃鱼香肉丝吗？我嘱咐师傅不放剁椒。"能被对方记住，那种被人重视的感动，让人心里暖暖的。下次再来这条街，不由自主就会选择这家店了。

瞧，找到自己的特质，然后把它做精、做细，无论大方面还是小细节，只要做好了，我们就有了不可替代性，我们就是第一。

少有人走的路，往往是离梦想最近的路

生活中，大多数人都有一个惯性思维，即走的人多的路，一定好走。大家都在走的路，一定没错。所以，人们习惯做一个跟随者，跟在众人身后，踩着别人的脚步，走着大多数人都走的路。

可是，走的人多的路，就一定是正确的吗？即便不是死路或者歧途，终点就一定是你想要的风景吗？

松毛虫出行的时候，喜欢排着整齐的队列，一个紧跟着一个，宛若大部队。曾有心理学家做过一个实验：把若干个松毛虫放在一个花盆的边缘，使它们首尾相接，围着花盆形成一个圆圈。然后在距离花盆不到20厘米的地方撒一些松毛虫最爱吃的松针。结果就会看到松毛虫一个跟着一个绕着花盆一圈又一圈地走，一个小时、十个小时、一天、七天……松毛虫都没停下来，也没有离开队伍的，它们就这样一个跟着一个，坚韧地走在固定的路线上。一直到最后因为饥饿和筋疲力尽倒下，这支队伍才瓦解。

心理学家总结出一句话："在这些松毛虫中，只要有一只稍稍偏离路线，另走一条路，就会避免死亡的命运。"

绵羊也会演绎这样的悲剧。只要有领头羊在前面走，后面就会自觉跟着一群羊，哪怕前面是悬崖，只要前面的羊跳下去了，后面的羊也跟着跳下去。历史上就曾发生过1500只羊接连跳进海里的壮烈惨剧。

我们人类也常常在不自觉中，做了那庞大队伍中的一只松毛虫，或者跟着走向悬崖的绵羊。看到什么生意赚钱，大家一窝蜂都做这一种生意；看到哪个行业收入高，大家都去学这个专业或者技术。如此做的结果常常是，做得人多导致供求关系失调，先前能赚到钱的，到了我们做的时候，开始赔钱；先前的"金饭碗"被众多人哄抢，到了我们手里，变成了要饭的碗。很多事实证明，大多数人都在走的路，可能通往失败，可能走向没落，可能沿路的鲜花、果实都已被先行的人采摘了去，到我们走时，已然是穷途。跟在别人后面，看似冒的风险少，实则不然。

而恰恰少有人走的路，反而离梦想更近。

有一个年轻人刚刚开始做生意，他不知道做什么好，便学着别人的样子，人家做什么赚钱，他也就跟着做什么。可是，当他做起来的时候，却很难，甚至很多时候都在赔本。年轻人很苦恼，觉得自己实在不会做生意。就在他想放弃的时候，一位很成功的商人对他说："你没试过真正自己做生意，怎么知道自己不会做生意呢？"年轻人不解，于是问道："我一直都在自己做生意呀，怎么说我没真正自己做生意呢？"商人说："你一直都在做别人的生意。你走的都是别人走过的道，从没走过自己的道。"年轻人若有所思，他问商人："那如何闯出自己的道呢？"

商人说："'道'字怎么写？是一个'首'字加一个走之旁，'走在首端''走在前面''走在第一'，这就是'道'的意思。要想成功，就要走别人没有走过的路，自己走在第一个，开创出一条自己独特的路。而不是跟在别人后面，捡别人摘过果子后遗漏下来的残果。"

这个商人的话说得不仅仅是经商之道，更是人生的成功之道。走一条少有人走的路，走在前面，走在第一，自然离成功不远。

在20世纪80年代，市场上的水产品很少，物以稀为贵，自然价格昂贵。逢年过节，人们买条鱼买点虾，价格比猪肉高出好几倍。有一个人觉得这是个商机，于是他四处学习养鱼技术，掌握了当时比较先进的日本、德国工厂化、集约化的养鱼模式。当人家都在池塘里养鱼的时候，他大胆地把鱼养在河里。家里人都说："祖祖辈辈没有人在河里养鱼，那不是白日做梦吗？"可他敢为天下先，并且一举获得了成功。他的新式流水养鱼亩产比传统养殖高出1万斤，他由此获利丰硕。人们纷纷效仿，家家户户都开始学他的流水养殖水产品。他却出乎意料放弃了这个"养鱼状元"，走上了另外一条没有人走的路——生产高效优质的复合鱼饲料。因为他知道，大家都养鱼，而没有人生产鱼饲料，于是他做了第一人，没有竞争者，自然成为这一行业的垄断者。仅仅四年时间，他的资产就达到了千万元。这个人就是后来大名鼎鼎的四川通威集团董事长，福布斯富豪榜上的刘汉元。

就这样，刘汉元不走别人都在走的路，开荒拓路，抢占先机，胜人一筹。有人会说："我只是个普通人，没有那么大能力，干不了大事，登不上福布斯富豪榜。"可是，我们连这样的梦都不敢做，就算在普通人中，

我们也终将是平庸中的平庸者。要知道，在我们身上一定有能让我们发光的东西，那就是我们与众不同的地方，那是属于我们独一无二的，应该走的路。就算在做最寻常的事，我们也要有不走寻常路的思维，尝试之后我们会知道，这种不走寻常路的思维会不时带给我们惊喜。

　　人生漫漫旅途，大路、小路、阳关道、独木桥，有太多选择、太多机会，我们应该有勇气走别人没有走过的路，勇于创新，敢为天下先。那些敢于走很少有人走的路、开创新局面、打开新思路、发明新产品、引领新行业的人，往往更容易抢占先机，人生也更精彩。

因此，停下从众的脚步吧，不走别人走过的弯路、老路，不照搬别人的模式、经验。要成就自我，实现梦想，就要勇于做开路人、开创者。只有打破常规，挣脱旧模式、旧思维的束缚，我们才能闯出属于自己的新路，开创一片新天地。

唯有梦想是你不甘泯然于众的东西

每个人都有梦想，尤其是在童年时期，小小的心里无不装着五彩斑斓的梦。可是在成长的路上，很多人辗转于现实红尘中，回想小时候的梦，或觉得太幼稚太荒唐，或觉得太过缥缈难以实现，而渐渐丢掉了它。也有很多人迫于生活的压力，不得已放弃了梦想，让自己沦为了物质、金钱的奴隶。

但可贵的是，有人一直怀揣着梦想，坚持着梦想，在追逐梦想的路上坚定不移地前进。这份坚持让他们与众不同，这份坚持让他们的人生焕发动人的光彩。

观看印度电影《摔跤吧！爸爸》时，我几度热泪盈眶，影片中那个坚持梦想从不动摇的父亲，让我深深感动。父亲是一位出色的摔跤手，曾拿过全国冠军，他的梦想是走向世界，为印度夺得第一枚国际金牌。但为了全家人的生计，他放弃摔跤转行做了其他工作，因此也就无缘实现自己的梦想。但是，他内心从来没有真正放弃过这个梦想。当无意中发现两个女儿有摔跤的潜质的时候，他引领两个孩子走上了摔跤的路，并在她们的心里植下了成为世界冠军的梦想。

这是一条充满艰辛的路。尽管身边充斥着不被理解的冷嘲热讽，经济困窘、条件艰苦，没钱买运动衣、补充营养的食品和真正的摔跤垫，就连向官方求助都被拒绝，但是在实现梦想的路上，父亲从来没有动摇过。在他的影响下，两个女儿也坚定了信念。她们凌晨起床半夜眠，日复一日挥汗如雨地训练，顽强地一步步向全国冠军走去，并最终站在世界冠军的领奖台上。当嘹亮的印度国歌响起，当女儿把金牌递给父亲时，父亲眼含热泪："你，是我的骄傲！"他为之拼尽全力坚持一生的梦想，终于实现。因为坚持了这份梦想，女儿们的人生也就此大放异彩，改写了印度女性只能早早嫁人相夫教子的命运。

这部影片之所以打动人，我想除了父亲对女儿的那份拳拳之心外，还有就是他们为了梦想全力以赴的执着之心。要么勇往直前，要么泯然于众，他们选择了前者。坚持不懈，改变了他们的命运，坚持梦想，让他们与众不同。

有梦想的人生是美丽的、生动的。一个人失去青春不可怕，可怕的是早早失去梦想。携着梦想前行，带着梦想成长，才能成就我们的与众不同。曾经有人针对哈佛大学毕业生的事业成功规律做过一次调查研究，他们发现，同样基础、同样起点，在今后的人生路上取得巨大成功的人，绝大部分是年轻时候就心怀梦想，并始终坚持的人。而虽然同样毕业于这所顶尖大学，毕业时候的成绩也相当优秀，但终生碌碌无为的人，普遍是没有梦想，对人生没有规划者。这项研究结果揭示了一个道理，有梦想，并为梦想不停奋斗的人，自会实现人生价值最大化。反之，没有梦想，自身拥有的潜质不会被最大限度地激发出来，更不会付出努力提高自己，以绝佳的状态去争取机遇，自然一生碌碌无为。

我小时候，乡村文化娱乐生活单调，听听收音机已然是莫大的享受，我家的小收音机给我带来快乐的同时，也给我打开了一扇通往文学之路的门。我听"小喇叭开始广播啦"，孙敬修爷爷用他那独特的播讲方式，把我引领进一个又一个奇妙的故事世界；我听"每周诗词欣赏"，同一首诗从朗诵到赏析，重复播放七天，我则拿着铅笔头追着收音机，在七天时间里听一句写一句，直到把一首诗写完整……在听啊写啊的过程中，我也有了写故事、写诗歌的欲望。记得我最早写的一首类似打油诗的诗，是在六岁的时候。从那时候开始，我的梦想便是成为诗人、作家，写出轰动世界的著作。

此后几十年来，我一直坚持阅读和写作，不断有文章见诸报刊，也陆续出版多本书籍，有的销量不错，成为畅销书。虽然至今并没有成为专职作家，更没有写出轰动世界的作品，但我一直没有放弃梦想。在坚持梦想的路上，我不断积累能量，不断提高自己，这些努力足以让我的人生充实而有意义，丰富而完整。谁就能肯定地说，我到人生终点的时候，不会有轰动世界的作品问世呢？所以说，"梦想还是要有的，万一实现了呢？"

心怀梦想，这些梦想就会化作我们前行的动力，调动我们的潜能，激发出我们的热情和毅力。心怀梦想，在梦想的召唤下，我们每天都充满期待地去努力、去奋斗，这样我们每天的生活都会有收获。当这些收获累积

到一定程度的同时，把自己提升到一定的高度，在合适的机缘下，梦想也许就变成了现实。

即使最终没能够实现梦想，可那又有什么关系呢？我们的生活因此变得每天都有意义，都精彩，我们在漫长的追梦时光里，把自己打磨得优秀而有竞争力，在不知不觉中我们从头到脚都散发着积极向上的气息，那份自信、充实、快乐，已使我们超凡脱俗、与众不同。

所以，请守护好自己的梦想，不要轻易放弃和丢掉，那是能让我们在成长道路上不至于泯然于众的东西，是能让我们的人生变得美好而有意义，甚至大放异彩的东西。在别人忙着在合群中找自信和存在感的时候，我们在坚持梦想的路上孤独前行，我相信，就冲这一点与众不同，我们定能演绎自己的精彩人生。

第 6 章

冷眼与嘲笑只因别人畏惧更优秀的你

合群是件容易的事，与众不同则很难，独行者不得不面对众生的不理解，甚至是嘲笑、批判，以及跋涉过程中的种种苦难。但是，既然选择了与众不同，也就意味着选择了坚韧和孤独。尊重内心，对自己负责，苦难终将被甩在身后。

走自己的路，不用在意别人的目光

老同学海音近十年来过得一直不开心，她说，她快被别人的唾沫星子淹死了。

22岁，正是风华正茂的年纪，海音把大自己18岁的男朋友带回家。于是一家人炸了锅，纷纷询问："你这是怎么了？怕自己嫁不出去吗？找个年纪这么大的男朋友，你是缺少父爱吗？"不仅如此，左邻右舍也用看怪物的眼神看她和她的男朋友，他俩走到哪里，背后都跟着各种议论和指指点点。海音那会儿年轻气盛，别人越是议论她，她越是表现出不在意。其实，她心里是压抑的。她给我打电话倒苦水："他不就比我大几岁吗？我做错了什么，大家要这么对我？"

那年年底，海音就跟男朋友结了婚。她妈妈气得要跟她断绝母女关系，发狠地对海音说，过好了可以，过不好千万别回来，家里丢不起人。而那些大爷大妈们则纷纷议论，这孩子肯定是被骗子骗了，迷了心窍，等着吧,她很快会哭着回来的。结婚就给人家当后妈,哪那么好当的啊……

海音听着这些话,在心里发誓:一定要过好了,幸福给这些人看。

可事与愿违,从结婚第二年开始,她和丈夫就开始了三天一大吵两天一小吵的战争。日子过得鸡飞狗跳,一地狼藉。海音常常在自己家偷偷哭够了,转过身一脸笑容地回娘家,假装很幸福,开心。这样隐忍的日子过了好几年,海音的丈夫就有了婚外情。海音很清楚,这段婚姻没有了继续维持下去的必要。可是,一想到当初亲人和邻里的那些话,她就迈不出离婚那一步。为了不让他们看笑话,海音一边承受着丈夫的背叛之痛,一边还要表演幸福给别人看,想想也真是够累的。

我劝她:"实在不幸福的婚姻,就要尽早离婚。别在意别人怎么说,你又不是给他们过的。"海音终于下了决心。可消息传开后,议论纷至沓来,海音终日抬不起头。周围人的讥讽带给她的痛,远远大于离婚的伤痛。海音绕不过去,从此远走他乡,再也没有回来。

很多人都有类似海音这样的心理历程,做一件事不被别人理解,受到过多关注和议论。在这种情况下,他们便不能平静处之,非常在意别人的看法,以至于不仅过得不开心,而且活得很累,甚至委屈自己,放弃最初的想法,改变初衷。

其实,我们生活在人群中,无论做什么事,总会有人批评,有人赞美。尤其当我们与众不同、特立独行的时候,受到的关注就会更多。从不被人议论和指点的人是不存在的,就算神仙都有挨凡人骂的时候。

有一个寓言故事很经典。一对父子牵着一头驴出城去办事,父亲心疼年幼的儿子,就让儿子坐在驴子背上,他牵着驴子在前头走。走着走着,

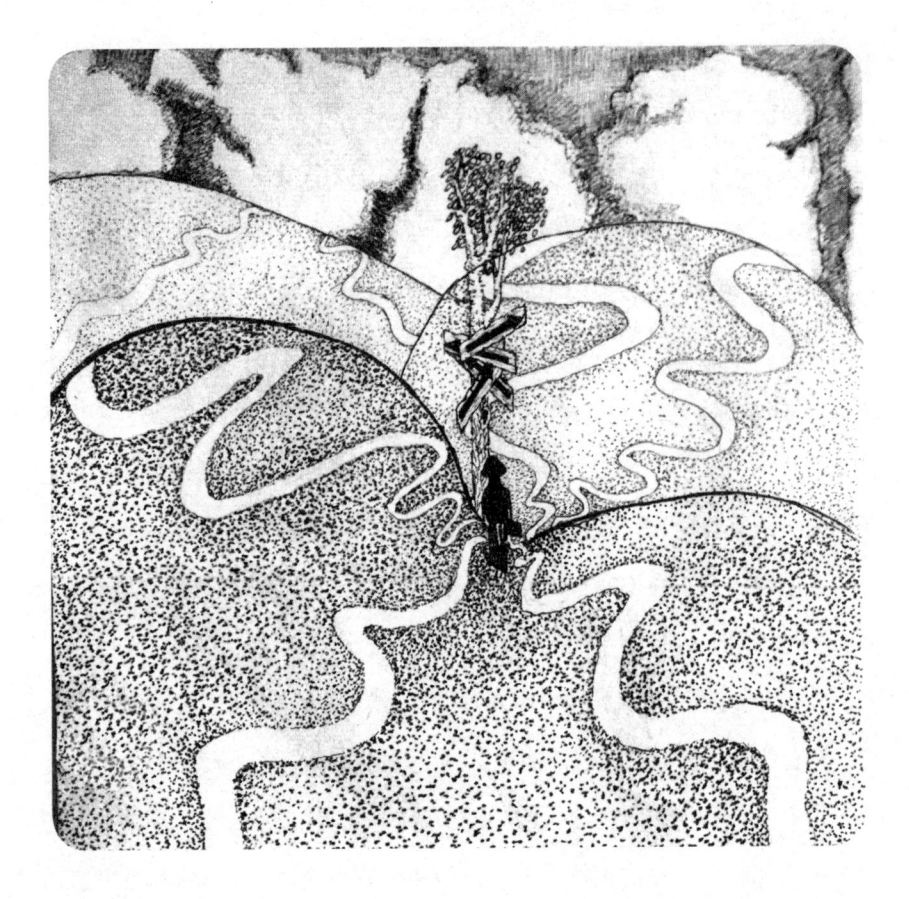

第6章 冷眼与嘲笑只因别人畏惧更优秀的你

听到几个人议论:"这孩子真不孝顺,自己坐在驴子背上,却让父亲走路。"儿子坐不住了,从驴背上爬下来,让父亲坐上去,儿子牵着驴子在前头走。可没走多远,又听到有人议论:"唉,这当爹的心真狠,自己坐在驴背上享受,却让那么小的孩子走路。"父亲一听,也坐不住了,干脆把儿子也拉上驴背,两个人一起坐,心想,这下别人应该无话可说了。结果还是有人议论他们:"这爷俩真是不像话,驴子本来个头就不大,俩人还都坐在驴背上,叫驴怎么受得了啊。"父子俩听了,觉得人家说得有道理，于是赶紧都下来，牵着驴子一起走。可这时候，他们听到的议论却变成了："这爷俩真傻，有驴子不坐，非得自己走……"

这个寓言故事告诉我们：无论做什么事，无论怎么去做，都不会让所有人满意，都会听到各种不同的看法。因为每个人所处的角度不同，所站的位置不同，分析事物的思维不同，对事理的认识也就不同，所以，同一件事给出的看法也不尽相同。一个人若是太在意别人的看法，总想着得到所有人的肯定，那只能在失去自我的同时，徒增很多苦恼。

既然如此，那何必还要浪费时间，损失快乐的心情，去在意别人的看法呢？日子是要自己过的，路也是要自己走的，只要认为自己做得对，觉得问心无愧，那么尽可按着自己的想法，做好自己便可。别人如何看我们不重要，重要的是，我们自己要看好自己。

自己才最了解自己，也只有自己才能给自己最全面、最恰切的评价。太在意别人的评价，无疑是把自己交给对自己并不全面了解的人去打分，无疑是让别人操纵自己的喜怒哀乐。内心强大、自信的人之所以能做好自己，是因为他们从来不会在意别人的看法。无论别人怎么说、怎么看，他们都能够从容坚定地走自己的路，做自己的事。

相传爱因斯坦在生活上不拘小节，衣着很随意，出门时也只是随便穿一件破旧的大衣。朋友对他说："你穿得这么不得体，会被人笑话的。"爱因斯坦无所谓地说："那又怎样，反正他们都不认识我。"当他提出的相对论闻名世界的时候，他依旧穿着那件旧大衣上街，朋友又说："你都是名人了，穿得不得体，会被人笑话的。"爱因斯坦依旧无所谓地说："那又怎样，反正他们都认识我了。"看，内心强大的人，在他们眼里一切都不是事,"随别人怎么看、怎么说,我就是我,我就坚持自己。"

对他人看法"充耳不闻"的同时,最关键的是,继续做自己认为重要的事。真正忙碌的人,为充实自己不断学习的人,为梦想不懈奋斗的人,是没有时间去顾及别人的看法、没有心情听别人的议论的。只有闲人才有时间去议论别人与自己无关的事。

总之,我们是自己命运的主宰,脚下的路怎么走,由我们自己决定。我们做事不是要做给别人看的,我们活着的价值也不是只为求得别人的赞同和认可。"毁誉从来不可听,是非终究自分明。"

人生的所有责难，终将以另一种方式给你回报

　　漫漫人生之旅，坎坷、曲折随处可见。古人云，"人生不如意事十之八九"，没有一个人能一生都一帆风顺，不经历挫折和磨难。特立独行、与众不同之人，尤甚。如前文所说，与众不同意味着各种冒险：被大众嘲笑、孤立；在孤独中砥砺前行，在荒径中艰难跋涉；于无经验可借鉴、无脚印可追随的拓荒中自我摸索；承受不被理解的同时，还要承受不可预知的失败的压力……可以说，选择了与众不同，就要负重前行，且随时要面对一道道关隘、一条条急流。

　　这无疑是对跋涉者意志的考验。很多人没能经受住考验，要么在责难面前失去了坚持自我的勇气，重新回到大众的队伍中，泯然于众；要么不堪磨难，选择极端的方式告别苦难人生。随意翻一翻历史，不能承受不被世人理解的孤冷，无法战胜内心的孤独，最终放下一切结束生命的杰出、卓越之人，不胜枚举。其中，最让我深深为之心痛的人，是凡·高。

在凡·高所处的那个时代的世人眼中,他是个"疯子":孤僻,不善与人交往的性格,独树一帜,不被当时人接受的画风,荒诞不经的行为,还有对艺术痴迷到几乎癫狂的精神,以及情感屡遭挫败终身未娶的经历……这些都使得凡·高成为不折不扣与众不同的人。他最大的与众不同是,坚守职业理想,不肯向现实妥协,哪怕自己的作品不被世人接受,哪怕依靠画画注定穷困潦倒,他也不愿放弃自己的风格,停下手中的画笔。

有人说,凡·高除了画画不会做别的。说这话的人,那是对他不够了解。其实,凡·高天资聪慧,读书的时候就学会了英语、法语和德语。学神学时期又学会了拉丁语和希腊语,加上自己的荷兰母语,凡·高会六种语言。他最初从事的牧师职业,在欧洲属于上流阶层。如果听从父亲的安排,他可以生活得富裕安稳。可是,他执着于绘画,以自己独特的风格作画,走了一条与众不同却又艰难的路。他一生创作两千多幅作品,可活着的时候只卖出了一幅,而且是以极其低廉的价格卖出。人们认为他的作品"不入流",一文不值,有人拿去盖鸡笼、遮墙缝,还有更多的不知散落在何处。凡·高忍受得了经济上的困窘,但忍受不了被否定、被拒绝的绝望、孤独。在和内心的这种绝望、孤独不断斗争中,他被打败了,最终用一把枪结束了自己37岁的生命。

尤让人扼腕叹息的是,在凡·高死后不久,他的作品得到了世人的公认,人们开始疯狂索求他的画作,他的画从一文不值到几十万美元,再到几千万美元,凡·高这个名字也从一个"疯子"成为响彻画坛、闻名世界的巨匠。荷兰政府为他修建的凡·高美术馆,每天人满为患。世界各地的人们排着长队,虔诚地、缓慢地移动脚步,等待进入馆内,瞻仰大师的画作……

  可惜凡·高看不到这一切。当生活将他所承受的责难，变成辉煌硕果回报给他的时候，他却倒在成功到来之前。这不能不让人为之心痛。

  为什么不再坚持一下呢？雨不会一直下，再漫长的雨季也会有日出放晴的那一天，磨难也不会永无止境。人生的与众不同需要磨难来成全，沙砾经过磨砺之后就会成为珍珠。在磨难中坚持，命运之神总会露出笑脸。就算走到最后，没能迎来我们预期的成功，可只要我们做我们想做的事，并为之坚持了，这本身就是成功。

  更何况，上天不会亏待付出努力的人。我们所承受的磨难，总会以另外一种方式给我们回报。屈原在流放的痛苦中写成了《离骚》；曹雪芹在家衰孤寂中写成了《红楼梦》；贝多芬一生经历数不清的磨难，耳朵失聪对于音乐家来说是灭顶的灾难，但他发出了"我要扼住命运的喉咙，它绝不能把我完全压倒"的呐喊，创作出一曲又一曲闻名世界的钢琴曲；瑞典著名化学家诺贝尔在研究炸药的过程中，发生多次爆炸事故。最惨烈的一次，工厂被完全炸毁，他的弟弟和许多工人被炸死，他本人也被炸伤。周围的人对实验产生极大恐惧，亲人们也都强烈反对他继续实验，但诺贝尔没有被吓倒，他坚持着自己的信念，终于成功发明出"诺贝尔安全炸药""无烟炸药"。他为人类科技的发展做出了卓越的贡献，他的名字也永驻史册。

  法国作家罗曼·罗兰写了一本《名人传》，里面收录的名人无不"名声若日月，功绩如天地"，但他们的人生也无一不是历尽坎坷，受尽磨难。成就他们"名声若日月"的，是他们不向磨难低头、勇于和磨难抗争的顽强毅力。逆境何曾困志士，磨难毕竟铸英雄。不是因为他们一生坎坷，与常人不同使得他们最终成为卓越的人，而是因为他们将坎坷当作前进的助推剂，将磨难垫在脚下当作梯子，才换来后来的卓越和不朽。

所以，磨难对于平庸的人来说，是跨不过的深渊、爬不过的高山，可是对于智者、强者来说，却是一块向上攀登的垫脚石。我们选择了与众不同，同时也要选择坚强。在如影随形的责难面前，做到坚强面对，微笑坚持。不仅要坚信，苦难只是暂时的，黎明前的那段黑暗，终究会被阳光冲破，磨难也终究会被成功的喜悦替代，更要坚信，所有责难都是对卓越的成全。梅花香自苦寒来，不经坎坷磨难难成才。生活不会辜负我们，我们现在所有的付出、所有的承受，都将得到另一种方式的回报。

把时间用在讨厌的人身上最不划算

就算我们再怎么不热衷于合群，也不可能与世隔绝。只要与人相处，就总会遇到让我们感觉不舒服的人，也总会有人不喜欢我们。尤其是当我们的一言一行有违群体趋同性，表现得与众不同的时候。当然，我们内心也少不了翻腾着对不喜欢我们的人的厌烦情绪。这种互相讨厌、互相不喜欢的情绪是有感应的，对方讨厌我们，我们也就很难去喜欢他们。

有讨厌的人在身边晃，不同的人反应也大不同。心直口快的人会找各种机会发泄自己的厌烦情绪，让对方知道自己讨厌他。结果，两个人之间的仇怨越来越深；性情温和的人则会选择隐忍，但是忍得很辛苦，即使心里犹如热锅上的蚂蚁，面上还得装作一副波澜不惊的平静样子。心里讨厌对方，可对方跟自己说话，还要装作很感兴趣的样子，认真地听，积极地附和；还有一类人，场面上丝毫不表露对别人的讨厌，可是私下里毫不留情地把自己不喜欢的人贬斥得一无是处，在同事面前说对方坏话，去领导那里打对方小报告，总之，怎么解恨怎么来……

我曾经是那第二种类型的人。去电影院看电影，身边总有人嗑瓜子、接听电话，很大声地讨论剧情，我心里那个厌烦，对那些人的讨厌情绪，真是呼之欲出，真想冲他们大喊一声："能尊重一下身边的人吗？"但这只限于在内心翻来倒去地嘀咕，表面上装作毫不在意。那个过程，真是煎熬，全程注意力基本都在这些人身上，电影看得不知其味。在办公室，有人喜欢对我的工作指指点点，时不时来一句"善意"的提醒。心里有一百个不高兴，我的文案我做主，仁者见仁智者见智，我觉得没问题，你凭什么要我修改？可是，面对他凑过来的脸，我咬牙咽下不满，还之以笑脸，还不忘说："谢谢！"然后等人家离开，自己生半天闷气，一个字也写不下去。

其实，那种心理体验真是不好。其他几种反应呢，感受也好不到哪里去。最重要的损失是时间——宝贵的时间。无论我们是心直口快还是温和隐忍，抑或是两面三刀，我们全程都是投入精力和时间去注意我们讨厌的人的一举一动。然后在心里愤愤搅拌、发酵，最后无论是直言表达不满，还是只说给自己听，抑或是找人诉诉苦，这都是需要时间的。与此同时，我们忘记了手里正在做的事情，或者让不满、生气的情绪影响了手里正在做的事情，这也是对时间的浪费。

由此看来，讨厌一个人，是需要花费太多时间和精力的事情。而人生短暂，有那么多有意义的事等着我们去做，我们却把时间和精力用在讨厌一个人这样毫无意义的事情上，实在是太不明智。倘若再被愤愤的情绪影响了工作，甚至造成一些失误，岂不是更糟糕？

面对讨厌的人，最直接的办法就是，无视他的存在。他在干什么，说什么，都与我们没有任何关系。他只管说他的做他的，我们也只管做好我们自己。当我们专注做事，就不会把注意力放到与做的事无关的事物上，当然也包括那个让自己讨厌的人。

如果不能做到心无旁骛，说明我们定力不够。那就潜心修炼"内功"吧，增强自身的抗干扰能力，开阔胸怀，朝着"山不过来，我就过去"的境界努力，做到"任他嬉笑吵闹，我自岿然不动"。

刚踏上工作岗位的刘燕跟我说起她对待讨厌的人的心理转变历程。她说，在她办公桌对面的女孩子上班时间接电话，从来不考虑周围同事正在工作的感受，不仅说话声音大，而且接一个电话要聊好久。刘燕对此很反感，每当对面手机铃声响起，她就一激灵，仿佛全身的愤恨细胞都被调动了起来。而且，越是讨厌听，对面说话的声音就越是往自己耳朵里钻；越是想集中注意力忙自己的工作，心思越是往对面跑，结果就是对面的电话不挂掉，她这颗心始终就悬在那里，什么时候对方说"拜拜，回聊"，什么时候她才能"咣当"放下一颗心，专注于自己的工作。

这种情况持续了几个月，刘燕渐渐觉得，每天要被这件事浪费掉那么多时间，太不划算了，必须做出改变。可是，怎么改变呢？"直接跟她提意见，告诉她上班接电话影响到了自己工作？可自己毕竟是新人，别人都不提，自己跳出来说这事，不太妥当。万一对方不接受自己的意见，不但事情没有得到解决，而且同事关系还闹僵了。"思来想去，刘燕最终决定，还是从自己入手来化解这件事对自己的影响。她先是备了耳机，当对方接电话的时候，便戴上耳机，放一段轻音乐。后来因为每次要现打开音乐播放器，找曲子，有些费事，于是她又备了两个耳塞，平时放办公桌上。同时，她不断做"内功"，告诉自己，做好自己最重要。人家打电话是人家的事，我们愿意为此分心那是我们的事。慢慢地，刘燕发现，她的内心不再因为对面的动静而浮躁了。当她不再受这件事的干扰时，再看对面的同事，竟也不觉得不顺眼了。刘燕感慨，其实讨厌一个人，不是说这个人真就毛病多，缺点多到让人讨厌，主要还是取决于自己的内心。

刘燕的话不无道理。相传苏东坡和好友佛印禅师聊天，苏东坡说："我最近学佛很精进，你看我现在坐姿如何？"佛印赞叹道："我看你像一尊佛。"苏东坡听了很高兴。这时佛印问他："你看我怎样？"苏东坡调侃说："我看你像坨屎。"佛印听了笑了笑，没回他。苏东坡很得意，认为自己占了便宜，回家跟苏小妹炫耀。但苏小妹说："你还是输了。佛印心里有佛，所以他看谁都是佛。而你，心里有坨屎，所以看谁都是一坨屎。"

面对自己讨厌的人也是这个道理，若我们心里充满阳光，对方就是温暖明媚的；若我们心里有冷风飕飕吹，那我们看对方的时候，那人必定浑身冒着冷气。所以，请给自己的心里装满阳光，别用冒着冷意的目光注视讨厌的人。把人生宝贵的时间拿去做有意义、有价值的事，别做浪费时间的、不划算的买卖。

听从内心，别让平庸者的建议使你沦落

我们往往有这样的时候：在对一些重大事情做出决定之前，觉得有必要跟亲友、同事，或者我们觉得有见地、有思想的人交流一下，听听大家的建议。如果不这样做，心里会觉得不安、觉得没底。

可也有很多这样的时候：咨询了一圈之后，我们更没有了主意。因为要么大家众说纷纭，说什么的都有，我们不知道听谁的；要么大家的建议倒是一致，但和我们最初的想法不同，面对大家的反对，我们不知道是该听大家的，还是顺从自己的心意。

更有趣的是，即便我们在咨询别人之前，心里已经拿定了主意，但当反对的声音越来越大的时候，我们就会怀疑自己，继而没有勇气坚持最初的想法。也就是说，只要我们迈出请别人发表建议这一步，我们必会增加困惑，或者有违初衷做出改变。

有一个名词，是以美国经济学家伊渥·韦奇的名字命名的，叫"韦

奇定理",这一名词就是对这种现象的总结,意即,即使我们已经有了主见,但如果受到大多数人的质疑,恐怕我们就会动摇乃至放弃。

所以,为避免盲目从众,遇事尽可能少听别人的,坚定地听从自己的内心,忠于自己做出的决定就好。当然,这不是说听别人的,放弃自己的想法,就一定不对。关键要看我们所咨询的那些人,都是怎样的人。如果我们的见解、思想远高于我们所咨询的群体,我们的优秀在这个群体里显得与众不同,那么他们的建议绝大多数是会和我们的想法相背离的,否则我们便称不上与众不同了。因此,就没有咨询他们的必要了。

乔布斯在斯坦福大学演讲时候说过一句话:"我们的生命非常有限,所以,不要浪费在重复他人的生活上;不要被教条束缚,不要被他人喧嚣的声音掩盖我们的内心;我们要有勇气,听从心灵和直觉的指示,我们的内心知道自己想要成为什么样子的人,其他事情都是次要的。"这句话涵盖了三个层面的意思:第一,不重复他人的生活,要活出自己;第二,不被教条束缚,不让他人的想法代替自己的想法;第三,要听从自己的内心。这三点环环相扣,都表明要拒绝平庸,走自己的路,不偏听,坚定自己的信念。的确,只有我们知道自己想要什么、自己的梦想是什么。要让自己的人生远离平庸,要让自己与众不同,就不要听从平庸的人的建议,不要让别人的想法左右我们的人生,改变我们的选择。

复旦大学哲学教授、博士生导师孙向晨讲过这样一件事。他带的一个博士生成绩很好,坚持一下就能拿到博士学位,可他想退学。这个决定当然不被周围人接受。在中国,能考上博士,是多么不容易、多么荣耀的一件事。拿到博士学位,对于普通人来说,是多么成功的人生。可眼看就要成功的事，他却要放弃，这不是疯了吗？而当事人有自己的理由，他对深入研究哲学兴趣不大，他的兴趣在心理学领域。若继续学习哲学，只是为了拿到博士学位，他认为是在"混"，这种状态是很差的一种生命质量，他觉得对不起自己的内心，对不起宝贵的、有限的时间。可因为所有人不能接受他的退学决定，他一时下不了决心。所以长时间处于挣扎的情绪中，学习很不在状态。孙向晨教授了解到他的状况，跟他深聊了几次之后，很理解他，并对他说，踏准生命的节奏很重要，做适合自己的事，才对得起自己的生命。自己若认准了，放手或许是不错的选择。这个学生终于下了决心，听从了自己的内心，退学去研究心理学，后来从事了心理咨询工作。

孙向晨教授认为这个学生能转学自己感兴趣的心理学是对自己的人生负责，对自己的生命质量负责，并且他还能坚持自我，这是很了不起的。当然，孙向晨教授的做法也很让人敬佩，他的思想绝非平庸，所以他能理解这个学生的决定。可见，不是说听从自己的内心，就一味拒绝所有人的建议。当确实犹豫不决，需要听一听别人的想法的时候，最好去找格局比自己更高的师长。

但是，无论师长给出怎样的建议，还是要自己做出最终的决定。每个人有自己的人生目标，每个人的生活经历、经验阅历以及思维方式也不一样。师长们在给出建议的时候，难免掺杂自己的人生经验、生活感悟，而这些不一定就适合自己的人生。小马过河的故事，是最有利的佐证。老牛和松鼠分别凭借自身的情况，给出小马截然相反的建议，却都没有从小马自身的实际情况出发，告诉他河水相对于他来说，是深还是浅。所以，兼听则明是建立在有所思考、有所取舍的基础上,是建立在有一颗有主见的头脑的基础上。

最后,倾听自己的内心,要保证听得到内心的声音才行。若我们一开始就置身在众人的喧嚣中,耳边充斥着各种声音,这时候的我们是很难听到自己内心发出的声音的。此时就需要我们适度地远离群体,给自己独处的空间。在独处的时光里,面对自己的内心,和自己交流,去沉思,去内省,去聆听来自内心深处的表达。

保持与"众人"的适当距离,屏蔽负能量

我的朋友杜松跟我说起自己的苦恼。他说,他有一帮哥们,是当初一起来这个城市打工的老乡。那时候他们赤手空拳出来闯,大家相依为命、肝胆相照,所以建立了深厚的友谊。后来,为了生活,大家不断变换工作环境,所以大多分散在城市各个角落,但每隔一段时间,他们就会从各个角落聚拢到一起,喝酒聊天,说着平时让自己开心或者不开心的事。

杜松或许是运气好,承包工程赚了一些钱,然后成立了自己的装饰公司,相对于那些还在给别人打工的老乡,他算是他们当中的成功者。多年来他也保持着每隔一段时间和老乡们聚一次的习惯,并且大多时候是他带头张罗,和他们在一起大声地笑,大口喝酒,他觉得很开心。

可是,最近两年他渐渐感觉到越来越多的别扭。首先是话题的不投机。他聊做生意,老乡们聊打麻将;他聊人生建设,老乡们聊烟酒质量。慢慢地,他觉得跟老乡们越来越说不到一块。很多时候大家嘻嘻哈哈,他

只能做一个不专心的旁听者,在旁边赔笑,假装在听。其次是思想不对接。他跟老乡们谈他的业务,说有一个项目如何如何好,但是需要先期垫资多少多少,老乡们马上摇头如拨浪鼓:"给别人干活,你先掏钱?哪有这道理!再说,垫那么多钱,风险太大了,不行不行!"本想跟他们好好合计一下这事,如此开头便说不下去了。他跟老乡们说他的学习计划,他说他想考建造师证,想去学校再读两年书,没等他说完他们就哈哈大笑:"你都多大岁数了,还去上学?还考这个证那个证的,有什么用?别瞎寻思了,老老实实赚钱是正道。"他从老乡们那里得不到一点肯定和鼓励;相反,他接收的都是负能量。

杜松渐渐就不太热衷于和老乡们聚会了。一方面，他觉得和他们在一起除了吃喝玩乐，实在没有其他有益的收获，甚至很多时候他们传递的负能量会影响到他创业的激情和前进的动力。另一方面，他对自己的这一内心变化很自责，不是说贫贱之交不能忘吗？自己这还没飞黄腾达，离成功还有十万八千里呢，就开始嫌弃朋友了，这是不是不像话？

我跟杜松说，这不是你主观上嫌弃朋友，也不是要忘了朋友。而是你在不断进步、提升自己，他们则还在原地踏步，你们之间的距离在不知不觉中拉大，你们已经不在一个精神层面上了，所以无法进行同层次的交流，这是客观现实。鉴于此，我倒是赞同他减少和老乡们在一起的时间，既然格局已经大不同，勉强聚一起，只会是拉低自己去凑合他们，这的确对他的自我提升和创业毫无益处。

身边的朋友对一个人思想的影响是很大的，如果朋友长期给自己灌输负面的东西，那这个人难免"近墨者黑"，变得和朋友一样带有很多负面情绪。

说到这里，我想起一个人，那就是清朝康熙执政初期的鳌拜。作为三代元勋，鳌拜早年南征北战，屡建奇功，为清朝的建立立下了汗马功劳。此后忠于皇太极和顺治皇帝，多次遭迫害而始终不渝，是功臣也是忠臣。但康熙初年，鳌拜位列辅政大臣之后，渐渐擅权专横，结党营私，颇多恶迹。可尽管如此，鳌拜并没有篡权之心，不过是强悍不逊的权臣。但在电视剧《康熙王朝》中，我们看到，他身边那些党徒终日怂恿他谋反，终搅乱了鳌拜的心，被一干人等架到了篡逆这条路上。最终被康熙设计拿下，并在拘禁不久后死去。康熙晚年，想起鳌拜，还深感惋惜，其实他心里清楚，鳌拜并非欲图谋篡位，加之考虑到他前半生功劳显著，所以"应给世职"。

这足见自己周围的人对自己的影响之大，大到甚至可以决定生死，更不用说是前进还是后退。"入芝兰之室，久而不闻其香；入鲍鱼之肆，久而不闻其臭。"长期跟什么样子的人在一起，是很容易被他们感染成和他们一样的人的。所以有人说，想了解一个人的底牌，就要看看他身边的朋友，通过他交往的朋友就能判断出他是什么样的人，以及今后有多大的作为和发展。

故而，我认为朋友杜松远离他的那些老乡是明智的。当这个圈子明显已经不适合你，就应该适当地远离圈中"众人"。自己在不断提升的过程中，自会吸引和自己同一高度或者比自己略高一些的朋友，形成适合当下的自己的新圈子，这是人际交往的发展规律。一个人身边交流的圈子多年固定不变，说明他多年停步不前。这并不是好事。

当然，和以前的朋友保持距离，不是说就此不要他们这些朋友了。"贫贱之交不可忘"，这句话到什么时候都没错。距离只是为了用来屏蔽他们带给自己的负能量，并不能阻隔和他们之间的友情。像杜松和他老乡这种关系的朋友，适当减少在一起的时间，也并不会影响到彼此的感情，却能减少彼此对工作、学习的干扰。

对过去的朋友圈子做如此处理，对平时不留神一脚踏进去后却发现负能量满满的圈子，更要及时抽身。节省出精力和时间，多和上进、有正能量的群体接触，以提升自己的生命质量，拓宽自己的眼界和胸襟。

耐心等待，给运气一点时间

我的一个远房表姐初中没读完就辍学务农，但她喜欢看书，喜欢写写画画。还曾因为一边做饭一边看书，把锅烧煳了，为此没少挨她妈妈的骂。别的女孩子没事串门聊天，或者做点手工活，表姐却待在屋里写小说、写诗歌。家里没有像样的本子，她的"作品"常常是歪歪扭扭写在烟盒上，或者皱皱巴巴的纸上。她妈妈唠叨她一天不干正事，写那些没有用；村里人笑话她，说她生在土疙瘩里，偏要装文化人。但表姐不在乎别人的看法，仍然继续写自己的字。

有一次，我去看姨妈，就是表姐的妈妈。表姐把自己写的诗歌拿给我看，说实话，那一行行字充其量也就是打油诗，甚至有的连打油诗都称不上。可是，迎着她满含期待的眼神，我咽下去原来想说的话，对她说："挺好的，坚持写吧，你会有收获的。"表姐用力点头："我就知道，我能写好。他们都笑话我，那是他们不懂。"我突然很敬佩表姐，敬佩她能在嘲讽声的围攻下仍然坚持梦想的勇气。

　　从表姐家回来后，我去书店买了很多有关诗歌和小说创作的书，并搜集了一些有关函授学习的资料，找人捎给了表姐。此后，我离开家到外打拼，表姐也出嫁了，各自忙着自己的小家。我们再没联系。偶尔想起，我想当然地认为，结婚做了妈妈的表姐，一定和其他女人一样，整天忙于家庭琐事，围着锅台转，文学的梦想估计早就荒芜了。

　　可是，去年我回老家，偶然的一次机会碰到了表姐的儿子，读高二的小伙子，他从手机里找出几首诗给我看，我接过来读，很清新雅致，感觉不错。"是你写的吗？有功底呀。"我夸赞道。小伙子很自豪地说："这是我妈妈写的。"我有片刻的愣怔，表姐快50岁了吧？自那次给她买书，到现在有二十多年了，难道她一直在坚持自己的梦想？

　　细聊才知，表姐嫁到夫家，依旧如痴如醉地沉迷于读书写字，很快也被夫家村里人当作另类嘲讽，表姐夫为此没少跟她生气，他为自己老婆被村里人笑话而觉得出门抬不起头来，可表姐不为所动。她不仅参加了我给她推荐的函授学习，而且把自己写的诗歌寄给了很多报纸杂志，她还写小说，甚至写歌词……孩子长大了，上学了，她跟孩子一起写老师布置的作文。突然有一天，表姐收到一张报纸，上面有她的一首小诗，有她的名字。表姐抱着那张报纸哭了。再后来，她写的歌词被老家电视台的台长谱了曲，录了歌在电视台播放，娘家人和婆家人一次次从电视里看到表姐的名字。邻里嘲笑的表情彻底消失了，他们都说："哎呀，她还真有两下子啊！"

我从心底里觉得，表姐真是有两下子，不仅是写作方面。我给她打电话，表达我的敬佩。可表姐很朴实地说："人要想做成一件事哪有那么顺的？庄稼都是一天天长起来的，从播种到收获，我们得一天天等，不可能播下种子就急着收获果实。做事也是这样。"

是的，种子播撒到地里，得给它生长的时间。梦想播种到心里，也要给它成长的时间。要有耐心等待，等待梦想的花在时间的土壤里，慢慢生长。在等待的过程中，会遇到各种阻碍，尤其是周围的嘲讽声音犹如暴风雨，一不留神就可能摧毁梦想的嫩芽，所以，在等待中不要让消极情绪占据主控，要时刻保持自信的状态，要相信日积月累、厚积薄发的力量。

人生本来就没有一蹴而就的成功，省时省力得来的往往如烟花，转瞬即逝，不能长久。唯有心无旁骛地投入所有时间，不随波逐流，不轻易在嘲笑和苦难面前"缴械投降"，一点点学习、积累，最终水到渠成、自然而然获得的成功，才能稳固长久，焕发生命力的光芒。

一位成功的推销大师要退休了，同行业的从业者诚挚邀请他在结束推销生涯之前，把自己的成功经验传授给大家。推销大师接受邀请的那天，这座城市最大的体育馆座无虚席，人们热切地期盼着听到大师传授的"绝门技艺"。舞台上的大幕徐徐拉开，映入人们眼帘的是，舞台中央吊着一个巨大的铁球，铁球旁边还立着一座高大的铁架子。两位工作人员抬出一个大铁锤，主持人请观众中的两位身强力壮的小伙子上台，请他们用大铁锤去敲打那个大铁球，以让那个大铁球荡起来。可两个年轻人轮流抡起大铁锤，全力砸向大铁球，响声震天，但大铁球纹丝不动。台下的观众发出阵阵嗤笑声，觉得两个小伙子纯粹是在做无用功。

这时候大师上场了，台下鸦雀无声，可他什么也没说，只是从上衣口袋里掏出一个小铁锤，旁若无人地对着大铁球敲一下，停顿一下，再敲一下，再停顿一下……时间一分一秒地过去，台下很多人开始不耐烦，有的交头接耳说话，有的干脆大声喊："别敲了，没用的。"但大师仿佛听不到，继续认真地重复着他的动作。终于台下开始有人离去，会场的座位空得越来越多。留下来的人也都开始骚动，大家不再注意台上的大师，更不关心那个大铁球究竟会不会动起来。40分钟过去了，这时坐在前面的一位女士突然尖叫："球动了！"刹那间台下人们的目光都集中到台上那个大铁球和大师身上。大师依旧不紧不慢地一锤一锤地敲打着大铁球，只见大铁球先是以很小的幅度震荡，在大师的不断敲击下，开始越荡越高，最终荡动起来的铁球拉动着那个高大的铁架子"哐哐"作响，显示出它荡起来之后的巨大威力。全场爆发热烈的掌声。这时，大师才转过身来，只说了一句话："在成功的道路上，你如果没有耐心等待成功的到来，那么，你只好用一生的耐心去面对失败。"

耐心等待，一只小锤子的不断敲击，可以从量变到质变，最终撼动一个巨大的铁球。耐心等待，走一步，再走一步，积跬步以至千里，最终也会抵达梦想的彼岸。即便等到最后，我们所期待的结果没有到来，但沿路也会有其他的收获，不是吗？

第 7 章
想让别人都满意，等于捆住了你自己

没有人能够让所有人满意，选择做自己，不过于在意别人的看法，这是对自我的善待。在特立独行的路上，敏感不是优点，面对众人的评判、别人的眼光、得失的成败，"钝感"一些更幸福。

如果总在乎别人的想法，就会忽视自己

单位新来一小姑娘，性格活泼开朗，两只小眼珠子滴溜溜转，看着很机灵。每天上班，见谁都清亮亮地打一声招呼："老师好！"我从心里觉得小姑娘挺可爱的，只是每天除了打个照面，她问一声"老师好"，我回一句："你好，你好"之外，再无交集。有一天，我正看书，她凑过来犹犹豫豫地说："老师，我能问您个问题吗？"我示意她在对面坐下，"什么问题呀？""您觉得我有什么缺点？或者说，您觉得我哪里做得不好？"她瞪着一双机灵的眼睛，看着我。我就笑了："你为什么突然来问我这个问题呀？"她挠挠头，先是支支吾吾地，后一咬牙又说出来："我来咱们单位半个月了，我觉得您不怎么爱搭理我。所以……您是不是对我有什么意见？"

听了她的话，我一下子就明白了，原来这是个心思细腻、过于敏感、过于在意别人看法的小姑娘。注意到我不怎么跟她说话，便以为我是因为

她哪里做得不太好，所以对她有意见，而让自己的心里有了压力。

其实，很多人在很多时候就如这个小姑娘一般，敏感于别人对自己的看法、对自己的态度。别人一个眼神，我们能在心里揣度出一千条"是不是"：他是不是在笑我？他是不是对我有意见？他是不是觉得我太另类……别人随口说一句话，我们便在心里演绎：他这是在说我吧？他这话里有话啊……只不过，大多数人不会像这个小姑娘这样，心里有想法了，会找对方问一问，说出来，而是任由各种猜想、各种推测在自己心里发酵。

因为太在乎别人的看法，太敏感于别人的反应，很多时候想做的事不敢做，想说的话不敢说，所以造就那么多随大溜的人。把自己的棱角都削平了，就觉得如此把自己放置于众人中，就不会引人注目了。

可是，如此也就失去了自我，找不到自我的活法，人生又有何意义呢？

过于在意别人的看法，实际上是对自我的忽视。首先，总是向外，把目光投注于他人身上，去关注别人怎么看自己、是否在看自己，却少有时间和精力把目光投向自己，关注自身的真实感受和内心需求。其次，过于看重别人的观点，总是拿别人的看法来评价自己、定位自己，却忽视自己对自己的评价，忽视自己的真正意义和价值。

当我们忽视自身的感受，只把别人的感受放在首位时，那是对自己的不公平，是对自己的亏欠；当我们忽视自己对自己的评价，只拿别人的评价来界定自己时，那是对自己的不公正，是对自己的曲解。我们所在意的那些人，有几个会终身伴我们左右？其中很多人三五年内可能就会走出我们的生活，从此再无任何联系，我们却重视他们的感受甚于对自己的重视，这难道不是对自己的不公平？只有自己对自己的认识最全面、最真实，别人眼中的我们，只是从他们的角度看到的那一面，用这片面的认识和评价来界定自己，这难道不是对自己的不公正？就好比一块石头，在建筑工人眼里是盖房子奠基的材料，在园林师眼里是做假山的模子，在雕刻家眼里是雕塑狮子的胚胎。那么，我们用谁的看法来界定这块石头的价值呢？

所以，自己才是自己生命的主人、自己生活的主宰者，不要让别人成为我们人生大剧的主角，不要过于敏感、过于看重别人对自己的看法。否则，我们会活得很累、活得没有自我，甚至没法活。

杜绝敏感的有效方法，就是致力于自我的提升。专心做事，坚定做自己。当我们把关注的目光由外投转向内射，更多地关心自我成长、更多地重视自我的感受时，我们就没有精力去在意别人怎么想、怎么看自己了。更重要的是，随着自我的成长和提升，我们的自信心也在成长，而自信是抵御敏感的有力武器。

与此同时，随着自我的成长和提升，我们自会在工作中、生活中有所成就。一个人的价值既不是靠外界的评价来界定，也不是靠我们个人努力维护外在形象去获得的，而是取决于我们所取得的成功。当我们有所成就，优秀于周围的人时，他们对我们的看法，自然就是好评了。

当然，任何时候不要忘记提升自己的内在，能做到"不以物喜，不以己悲"最好。处于人生低谷的时候，不悲于他人的嘲笑，得意的时候也不忘形于他人的恭维。一句赞美和一句批判，都不会改变我们什么。我还是我，我就是我，只要自己知道真实的自己是什么样子，就可以了。

遇事不钻牛角尖，人舒坦，心也舒坦

朋友张梅参加单位办公室主任一职的竞选，结果失败了。她的心仿佛就此坠入万丈深渊，怎么也转不过弯来。她跟我说，为了迎接这次竞选，她足足忙活了几个月，每天在不影响分内工作的情况下，还条分缕析地深入地做各方面的准备。而且，她分析自己各方面的条件，觉得这次的成功者应该是她。可是结果却大大出乎她的意料。她以三票之差输给了一个刚毕业不到两年的毛头小伙子。

"我觉得自己可没面子了，同事们该怎么笑话我啊！"张梅哽咽着说，"他们一定会说：'就她爱出风头，这下摔个跟头吧？'也一定会说：'自己觉得自己了不起呢，其实什么也不是……'"这其实是张梅的猜想，她从没听到过同事们这么说自己，但这次的竞选结果让她"肯定"了自己的猜想。她认为同事们宁肯选一个刚毕业的新来的同事，也不肯多投她一票，这就足以说明自己在他们眼里，根本不是当办公室主任的材料。

听张梅说了这么多，我理出了一个头绪，那就是，真正打击到张梅的，不是竞选失败这件事本身，而是她自己猜测的，落选这件事在同事当中引起的"不同凡响"。或者说，是大家对她落选这件事的态度以及对她本人的态度，让她想不开，绕不过去，而且大有一头钻进牛角尖一时难回头的趋势。

另一个朋友王祁也遇到过类似的事情，但他的心态和张梅截然不同。王祁所在部门接了一个项目，要求在最短的时间内拿出最佳的策划方案。于是主任便要求部门所有成员每人做一份策划方案交上来，然后全部门的人开会表决，从中选出一个最佳方案。王祁的实力在部门里是有目共睹的，任务布置下来之后，有人还跟他发牢骚："直接交给你做得了，何苦劳烦大家做陪练，到头来还不是白忙活一场。"

可事情的发展让人始料未及，王祁落选了。开会表决的时候，大部分人投票选择王祁，可主任和副主任居然都投了反对票。最后由主任拍板，定了另一个同事的方案。

事后，有同事为王祁叫屈："你的方案明明做得最好，主任偏偏选别人的，这里面有猫腻。""你什么地方得罪主任了吧？他这可是明摆着不给你面子啊。"但王祁不这么想，尽管他也觉得自己的策划方案不比那个被选为最佳的方案差，但是他很豁达，他认为，这是仁者见仁，智者见智，就像有人喜欢穿花衬衫，有人偏偏特别看不惯穿花衬衫一样。或许自己这次方案中的某些点，不让主任看好。随后，王祁就不再想这件事了，而是把注意力投入了下一个方案。

遇事不钻牛角尖，人舒坦，心也舒坦 | 175

　　面对同样竞争失败的结果，一个钻了牛角尖，被臆想的别人对自己的负面评价打倒，久久走不出来；一个却敞开心扉接纳失败的结局，理解淘汰自己出局的决策者和竞争对手，并快速开启新的征程。对于两种态度，我们当然欣赏后者。生活也欣赏后者，它会回馈给他广阔的前行之路。

　　处在顺境中，人人都是豁达、乐观的人，看谁也都觉得亲近如亲人。而一旦遭遇失败、挫折，很多人就显了原形，敏感、脆弱、固执、钻牛角尖，看谁都觉得人家是在笑话自己。迈不过去心里那道坎，解不开那个结。而恰恰逆境造英雄，能在失败、挫折和打击中保持一份清醒和豁达的人，不以成败来衡量别人对自己的评价的人，不轻易钻牛角尖的人，犹如经历大浪淘沙般很容易脱颖而出，在各自的领域走出宽广的路，创造更高的人生价值。

人生不如意事十之八九，在漫长的人生路上，难免要遭遇诸多失败、挫折和打击。尤其对于不甘平庸、执着追求人生梦想的你我来说，遭遇的失败、挫折会比常人更多。所以，很有必要告诫自己，凡事看开一些，不要过于在意别人的看法和眼光。要学会坦然面对失败、接受失败、不钻牛角尖，不让自己的思维陷入死循环。

当不在意别人的看法时，我们会发现，很多时候都是自己想多了，把问题想得严重了。说到底，我们的失败跟周围人有什么关系呢？人家有什么必要去关注我们的失败呢？不可否认，也许会有极个别的人讥笑我们，可是那又有什么关系呢？老鹰会在意一只小鸡对自己的讥笑吗？他远不如我们，没有尝试就不会有失败，他连尝试的勇气都没有，所以连失败的机会都没有，他才是真正的可笑。况且，他觉得我们是失败的，难道我们真的就是失败的吗？其实不然，失败能给我们经验，教我们方法，让我们知道一条行不通的路是什么样子，以便重新寻找行得通的路。从这一角度讲，我们应该感谢失败，把失败当成财富，不是吗？

世界是广博的，事物是不断向前发展变化的。我们不要将心拘禁于一个牛角尖里，不要将思维僵化在一个点上。遇事多用发展的眼光看问题，多用多向思维想问题，把心放宽，人也舒坦，心也舒坦，日子也才能过得轻轻松松、自自然然。

别把自己太当回事，你没有想象中的那么重要

我们有没有过这样的时候，上学或者开会迟到了，推开门一看一屋子的人，于是立马拘谨得不会走路了，觉得所有人的视线都集中在自己身上，浑身不自在，觉得哪都不好了，拽拽衣角，理理头发，正正帽子……总之，一双手不知道往哪放，更不能闲着，往座位上走的那几步，就像跑马拉松一样的漫长……

我年轻时候是常经历这种尴尬的。我想许多人对这种感觉也不陌生。除上述外，还有就是当众表演、讲话，大多数人会紧张得不行；开会发言、上课回答问题，也是需要经过一番心理挣扎之后才能站起来。总之，在人稍微多一点的场合"暴露"自己，接受众人的目光扫视，就觉得太难受了。很多人把这种放不开的表现归结为不大方、自卑心理在作怪，或者太看重别人对自己的看法、太注重自己在别人眼中的形象。其实，细究起来，就是太把自己当回事。这话猛一听有些生硬，非要换个说法的话，那

就是"过度的自我关注"。

也就是说,问题的本身不在于别人怎么看自己,而是自己将别人对自己的看法看得太重要,因为过度关注自我,希望别人对自己的评价都是正面的,所以不免时时处处要求自己以最好的一面示人,不说不得体的话,不做错事,穿衣戴帽不能有疏忽……更不允许自己有失败,否则就会觉得面子全无,在人前抬不起头来。

事事对自己严格要求,每做一件事都如履薄冰,一举手一投足仿佛有上万双眼睛在盯着自己。甚至不敢冒险、不敢创新,因为惧怕失败,把自己置于风口浪尖被人耻笑,那是万万不可的,如此这样,其实每天都活得很累。

事实上,真有那么多人在关注自己吗?真有那么多人在意自己的一举一动,并加以评价吗?记得大学时候,我做过一件在我看来特别难堪的糗事,当时我和几个要好的同学在篮球场打篮球,远远有几个女孩子在观望,其中有一个女孩子是我们这边一同学的暗恋对象,于是大家就忍不住拿这个事调侃他,并不时发出怪叫,以此吸引远处女孩子的注意。我心血来潮,在篮球场上一扭一扭学那个女孩子走路的姿势,引得大家捧腹大笑,也成功吸引了远处女孩子的目光。那一刻,我成了篮球场上所有人目光聚集的焦点,也就在那一刻,我的两只脚"闹情绪",左脚绊了右脚一下,"啪"的一声,我摔了个嘴啃泥。刹那间,所有人爆发出震耳的笑声,尤其是远处那几个女孩子的大笑,震得我真想找个地缝钻进去。此后半年多,每每想起这事,我都恨不得抽自己两个嘴巴,觉得实在太丢脸、太没面子了。可是某一天,当我跟那几个曾目睹我难堪摔倒的同学再说起这事的时候，他们中有的表示"不记得了"，有的说"好像有这么回事"。那会儿我真是觉得，自己也实在太自作多情，在别人早就不记得的时候，还一厢情愿地认为人家一直在暗地里笑话自己。其实，这是典型的——太把自己当回事了。

曾有一个心理学家做过一个实验：在一个阶梯教室里，有一百多名学生正在等老师来上课。这时候，心理学家安排两个学生穿着特别扎眼的大红色且泛着荧光的大衣，从教室正门走进去，从第一排一直走到教室最后一排坐下来，下课后再从教室后门悄悄出去。教授问这两名学生："你们觉得会有多少人留意到你们？"一个说："怎么也得有百分之七八十。"

另一个说："我觉得我经过的地方，同学们都抬头看我，满脸都是惊异的神色。"可是，当教授逐一问教室里的同学们，有谁注意到这两名学生的时候，竟只有不到25%的人举了手。而且，在这些人当中，还有很多人表示，他们只看到有这么两个人走进教室，但当他们从自己身边走过去之后，他们很快就忘记了这事，只专心等着上课了。至于他们经过自己的身边坐到哪里，然后干了什么，什么时候走的，一概不清楚。也就是说，他们也只是条件反射般地瞥了这两个人一眼，然后就该干什么干什么，忙活自己的事情了。

这一实验充分说明，在自己以为大家都在关注自己的时候，其实并没有那么多人会注意自己。而且即便有人关注自己了，其注意力持续的时间也很短，对我们根本产生不了任何影响。进一步说，即便他持续关注自己了，那又如何？只要我们不在意他的关注，那么他的关注就不会对我们

造成影响。所以，问题的关键还在于自己，别太把自己当回事，就什么烦心的事都没有。

仔细想想，大家每天忙忙碌碌，都没有了倾听自我内心声音的时间，又怎么会有那么多闲心去关注别人？想想我们自己，每天都会盯着身边的人，去注意他说了什么、做了什么吗？除非那个人对我们特别重要。而这种对自己特别重要的人，在我们周围少之又少。

所以，放下对"完美自我"的追求，别把自己太当回事。因为这不是对自己能力的否定，更不是要我们降低对自己的要求，而是要以本真的眼光看待自己，正视自己的优、缺点，不把自己看得太重要，更不轻视自己。从而放下种种顾虑，以真实的自我去追求梦想，去挑战未知，从容、淡定地走好自己的人生路。

　　特立独行，独一无二也好；不合群，独自优秀也罢，只要我们踏踏实实做事、端端正正为人，别人怎么看，那是别人的事，自己看自己，刚好，就好。

众口难调，你无法让所有人都满意

有位青年画家想知道自己的画技究竟如何，画出的画是否被人喜欢，于是就把自己认为最满意的一幅画拿到了大街上展览，并在旁边放了一支笔，提示人们："请在您认为不满意的地方做上标记。"到了晚上，画家到街上把展览了一天的画取回来，却发现画上所有地方都做了标记。也就是说，这幅画没有一处让人们满意。

画家大受打击，认为自己的绘画技能很糟糕，自己不是做画家的材料。他的老师了解了情况之后，笑着建议他，换一种方式再试试看。于是，他按照老师的建议，画了一幅和之前展览的一模一样的画，第二天再次拿到大街上，旁边依旧放一支笔，但这次他提示人们的是："请在您认为满意的地方做上标记。"到了晚上，画家取回画，只见画上所有的地方同样画满了各种记号。

同一幅画，有很多人觉得这个地方画得不好，但也有很多人恰恰就觉得这个地方是亮点。众口难调，我们永远无法满足所有人的口味。可是，偏偏很多时候，我们意识不到这一点，尤其是对于那些心思细腻、敏感的人来说，做事情总把别人的感受放在首位，总以为只要自己全心做好，就能得到好人缘，让所有人都说"好"。

这部分人平时都是如何去让别人满意的呢？具体有三个表现。

第一个表现：不愿意得罪人。别人说什么都随口附和，即便心里不赞同对方说的话，也违背内心说着赞同的话。很多单位里的那些老好人，就属于这种类型。虽然能落个"老好人"的名号，但没有自己的观点，没有个性，自己活得也并不畅快。因为他们有话不敢说，有反对意见不敢提，而且很多时候，老好人看似不得罪人，可人们心里并不会真心喜欢这样的人。

第二个表现：和周围的人有什么小摩擦、小纠结，无论自己是对是错，都直接说："对不起，这是我的错。"这看起来很有修养，可实际上是是非不分，不敢说出自己的真实想法，不敢坚持自我。

我的工作小组里就有这么一个女孩子，对所有人都彬彬有礼、谦让有加，大家都很喜欢她。但我就发现，遇到什么事情，不管跟她有没有关系，只要问及她，她第一句总是："哎呀，不好意思……"好像这事真怨她似的。有一次，大家在工作群里讨论一个方案，有人指出上次的方案有需要修改的地方，而那个方案恰好是由这个小姑娘和另外一个人负责做的。我很清楚，提出需要改进的地方，不是小姑娘负责的那部分，可她反应很快，冒出一句："哎呀，不好意思，我们一定好好改。"然后就有人直接对她说："再做类似方案，不要出现这种错误了。常识性东西也错，用心了吗?"小姑娘还是那句:"不好意思,不好意思。"

事后,我对她说,以后不是自己的错,就不要往自己身上揽。她也委屈地说,原以为自己这样说,大家就不会说什么了,没想到还是有人那么不留面子,在群里直接批评她。而且那个真正应该被大家批评的同事,不仅不领她的情,还说她不该轻易接受批评,悄悄把要改进的地方改了就是,当众明确表示自己错了,真是太没心计了。本想着让大家满意,结果闹了个都不满意,可悲可怜的讨好主义啊!

第三个表现:对别人的请求不好意思拒绝,有求必应。我们身边有很多这样的人,明明自己手头一堆事没干完,这个同事说:"你帮我把这份资料整理一下吧。""好好,我这就帮你弄。"那个同事说:"你替我值个班吧,我今晚有事。""好,你去忙吧,有我呢。"朋友去相亲,"你跟我一起去吧,帮我参谋一下。"心里不愿去掺和,可话到嘴边就变成了"行"。同学打电话说经济紧张,想借钱,尽管自己是月光族,钱借出去后自己吃饭都成问题,可还是二话不说就往同学卡里打自己的"伙食费"……在大家眼里,这样的人很热心,很好说话。于是,大家在给予他夸奖、赞誉的同时,也会不断提高找他办事的频率。慢慢地,人们就会形成惯性思维,只要有事,先想到的肯定会是他。即使偶尔的拒绝,也会引来一阵牢骚。

我前面提到的那个小姑娘就是这样,发展到后来,她几乎成了小组里加班最多的人,因为不仅要加自己的班,还要替同事加班。组里的人只要晚上不想加班的,就会在她跟前随便找个理由,让她替自己,她也从来不拒绝。我悄悄提醒她,做好事也得有个分寸,这样下去不仅没有了自己的休闲时间，还不一定能讨别人的好。可她说，自己要是不帮他们，他们会不会不高兴？可问题是，你帮了他们，他们是高兴了，你自己开心吗？

以上种种表现，难道不是很多内心敏感、过于看重别人感受的人的真实写照？他们为了让大家满意，长时间压抑自己的内心，忍耐、服从、迎合别人，没有主见，或者有主见也不敢表露。可是，如此这样真能换来所有人的满意吗？其实，那只是自己一厢情愿的幻想罢了。众口难调，就如那幅摆在大街上的画，一百个人看会挑出一百个不满意的地方。无论我们怎么做、做什么，总会有人说长道短。

谦让、助人是好事，但别为此给自己的心戴上枷锁。凡事无愧于心，量力而为就好，因为我们没有必要让所有人满意。

别让患得患失"断送"了幸福

何为"患得患失"？《论语》中如此定义："其未得之也，患得之；既得之，患失之。"要是翻译过来就是：在没有得到的时候，苦于不得；得到了之后，又害怕失去。古人曾说过，人生有八苦——生、老、病、死、爱别离、怨长久、求不得、放不下。这"求不得""放不下"即是"患得""患失"。

人生逃不脱这八苦，"患得患失"之苦不知道折磨了多少人。尤其是敏感之人，更是很容易就陷进这个"患"字当中。"得不喜，失不忧"听起来不错，可做起来绝非易事。

传说，后羿因为能百步穿杨，不管以何种射姿射箭都能箭箭射中靶心，而且从未失手，所以人们争相传颂他高超的射技，于是就传到了夏王的耳朵里。夏王便命人找来后羿，叫他给自己表演一番。为了使后羿的个人表演不至于因为没有竞争而沉闷乏味，夏王给他定了一个赏罚规则，即:"如果射中箭靶,我就赏赐你黄金万两;如果射不中,那就要削减你一千户的封地。"后羿听完这话,面色凝重,走向射箭位置的脚步也显得有些沉重。当他搭箭拉弓开始瞄准的时候,总是忍不住想赏罚规则,这一箭射出去,要么得黄金万两,要么失千户封地。后羿的呼吸开始变得急促,拉弓的手也微微发抖……瞄了几次后,后羿咬牙射出了那支箭,结果箭离靶心足有几寸远!随后他又连射几箭,都未中靶心!

夏王很是失望,"不是说百发百中、从未失手吗?今天的表现怎么如此大失水准呢?"手下人道:"平时练习,一颗平常心之下,水平自然可以正常发挥。可是今天,他射出的成绩直接关系到他的切身利益,叫他如何静下心来充分施展箭术呢?"

其实,后羿的射箭技术并未改变,只是他太在意得失,在赏罚规则面前,他眼中的箭瞄准的已经不是靶心,而是"黄金万两"和"千户封地",因此自然就会乱了心神,难以发挥正常水平了。

生活中也是这样,很多时候我们做事之所以失败,并非条件不够、能力不足,而是患得患失的心态让我们难以集中注意力、发挥正常的能力和水平。尤其对失败的畏惧、对失败后面临一地狼藉局面的畏惧,常常在行动之前会使我们萎靡不振,冲锋的勇气也被削弱。

可是,挫折和失败是我们人生中的常客,若事事患得患失,那我们这一辈子就什么也不用做了。所以,即使做不到"得不喜,失不忧",也要努力朝着这个方向修炼自己。

首先,要保持一份"初生牛犊不怕虎"的冲劲,做事不瞻前顾后、缩手畏尾。当然,做事前需要考虑周全、详细策划,但这不等于抱着太多顾

虑，思前想后不敢迈步。想好了就要勇敢行动。即便最后失败了，也不要后悔当初的决定。因为只要我们去做，就会有收获，就会有成长。失败一次，可以再来，没什么大不了的。任何时候都不能丢了魄力和自信。

其次，要看淡得失。任何事情都有两面性，有利就有弊，有得就有失，关键是看我们怎么去理解。得不到的，不一定永远得不到；失去的，或许本来就不属于我们。换句话说，得不到的，本来就不属于我们，失去的，可能会通过别的方式还给你。所以，得，不一定是得；失，也不一定是失。《塞翁失马》的故事对祸福得失互相转换和依存的辩证关系，阐述得很到位。它告诉我们要辩证地看待得失祸福，以一颗平常心对待生活中的得和失，不要为一时的得失，去大喜大悲。一切顺其自然，来了或去了都应该坦然接受。

有一个人担着两筐茶壶去集市上卖。在经过一个山坡的时候,几个茶壶从筐里掉到地上摔碎了。那个人听到了茶壶摔碎的声音,但头也不回继续朝前走。路人见此很不理解,热心提醒他:"喂,你的茶壶摔碎了,你还不快看看!"担茶壶的人一边赶路一边回答:"既然已经碎了,看又有何用?还耽误了赶路。"

可以说,担茶壶之人有一颗豁达看待得失的心。茶壶已然碎了,停下来查看、惋惜都改变不了结局。接受现实,继续赶路,才是睿智之举。

最后,修炼素养,提高能力。我总觉得,在任何时候,不忘学习,不放松提高自己,是正途。一个有学识、有修养、有胸怀、有眼界的人,便可兵来将挡、水来土掩,区区一个"得失"怎会乱了他的心性?孔子曰:"不患无位,患所以立。"说的就是,一个人不要担心失败,要思考如何提升自己,去把事情做好,尽最大的努力争取成功,拒绝失败。

当我们"患得患失"的忧虑少一分,我们距离成功就近一分。分析古往今来诸多成功者,他们给了我们太多成功的经验,其中重要的一点就是,不患得患失,敢想敢干。所以,从现在起,和"患得患失"做个告别,不惧众人非议,不畏道路曲折,不怕跌倒失败,朝着心里认定的方向,轻松前行!

别让敏感牵着鼻子走，"钝感"的人最好命

最近朋友林涛有些上火，原因是刚毕业工作不到一年的女儿，闹着要辞职，其实如果只是想辞职，问题还不严重。严重的是，小姑娘认定自己低能，根本不能胜任工作。我细问才知，前段时间小姑娘被领导批评，说她工作不认真，心浮气躁，上班迟到，下班却跑得比谁都快；说她做的文案一点亮点都没有，一看就是腹中空空，真应该好好学习，给自己充充电。就这样，小姑娘抹着眼泪回了家，此后就一蹶不振。小姑娘说一上班，看到那个领导阴着脸，就觉得是自己哪里又做错了什么，听领导批评哪个同事，也觉得是在说给她听；下班了，脑子里也老是回响着领导的话，心里充斥着自卑和不安。于是，郁郁寡欢了一段时间后，实在受不了，回家跟父母说，再也不想去上班了。

小姑娘的这颗玻璃心啊，实在是既敏感又脆弱。领导的几句批评，不但没有激发她积极向上的斗志，反而使她深受自卑的煎熬，并且，让敏感

牵着鼻子走，陷入"领导不待见"自己的心理怪圈，难以走出来。

听林涛讲述的过程中，我的脑子里总是蹦出另一个人物形象——电视剧《士兵突击》里的许三多。可以说，许三多是敏感的反面典型人物代表，他迟钝、木讷、笨手笨脚、一根筋，这些词汇在他身上都是贬义词。可是，我想说的是，也正是这些贬义词成就了他。试想一下，如果许三多很敏感，村里人骂他"三呆子"，他是不是很痛苦？战友们的讥笑和不待见是不是会让他自卑？如果他不迟钝、不木讷，大概会被各种负面信息压垮。但《士兵突击》给我们展示的是，许三多迟钝地感受不到别人的嘲讽，面对冷嘲热讽，他居然还之以傻呵呵的笑脸。他迟钝地感受不到落于人后的压力，感受不到处于低谷时候的迷茫，只一味低头赶路，做好该做好的事。结果，坚守"不抛弃，不放弃"的他，一步一步从拖后腿的兵成长为合格的兵，实现了自己人生价值的最大化。

由此可见，过于敏感的人会增加很多苦恼，适度钝感的人才最好命。尤其对于追求卓越的我们来说，很多时候需要学习许三多的钝感。原因如下：

第一，人生路上几多风雨几多坎坷，过于敏感的人喜欢伤春悲秋，不知道要被挫折、失败打击成什么样子。钝感的人则不会敏锐地感知失败的痛，也就不会轻易被伤到。他们不问结果，只管耕耘，反而在不经意间获得成功。

第二，敏感的人会为他人一句无心的话思虑良久，放在心里久久不能释怀，会被他人的一个"差评"击倒，会被反对的建议消融掉行动的勇气……钝感的人则看似反应迟钝、傻乎乎的，不去辨别他人的话，不去计较嘲笑、讥讽、反对。因为这些对他们不起任何作用，他们的心根本不接收这些信息。所以，他们内心就不会有那么多的负面情绪，也就不会轻易停下前进的脚步。

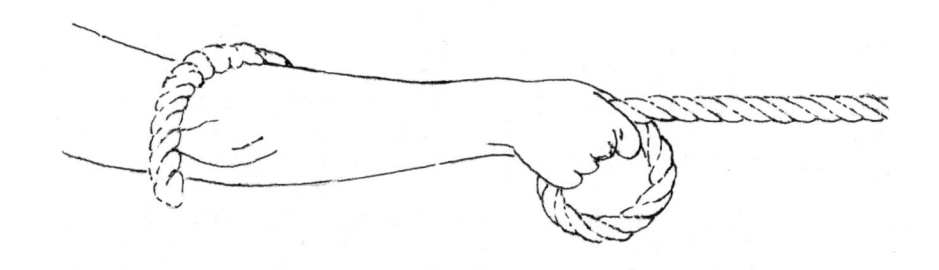

第三，敏感的人很容易看别人脸色、猜别人心思，活得克制、小心翼翼，很不轻松，甚至丢掉自我。钝感的人则不会过多在意这些，你的喜怒哀乐都跟他们无关，他们只负责自己的情绪，不会轻易让别人的脸色影响到自己的内心。所以，他们的人际交往简单透明，与他们交往，不需揣度他人，不需去猜疑、推理别人的想法。难得糊涂，实在是钝感的人的大智。

第四，敏感的人因为感知细微的能力强，想得也就多，所以每天都在不断接收、处理和消化细微琐碎的各种信息，搞得疲惫不堪不说，也难以集中精力做事。而钝感的人对外界嘈杂的声音不敏感，常常忽视细枝末节，感受不到纷扰喧闹，只集中注意力做自己的事。如此，他内心平静，干劲十足，做事想不成功都难。

所以，不甘平庸的我们，在奋斗的路上最好丢掉敏感，学着做一个钝感的人。在众人非议面前，在失败面前，在悲观、自卑、焦虑、烦躁等各种负面情绪面前，不妨迟钝一点，做个"许三多"那样的傻傻的人。这不仅是对自我内心平静世界的保护，也是对创业激情和信心的保护，更是对快乐人生的保护。

"钝感"一词在渡边淳一的《钝感力》一书中首次出现，此书告诉我们钝感力的五项铁律，即：一、迅速忘却不快之事；二、认定目标，即使失败仍要继续挑战；三、坦然面对流言蜚语；四、对忌妒讽刺常怀感谢之心；五、面对表扬，得寸进尺、得意忘形。对于这五项，我们不妨试着去做一做。

人活一世，做人做事，都应当不过于敏感。难得糊涂，难得迟钝。这是一种可贵的、值得拥有的东西。

第 8 章

思想独立，才能真正成为一个不可复制的人

唯有思想独立，才能真正做到不随大溜、不盲从。而要思想独立，首先要学会质疑，继而学会独立分析、独立思考。凡事有自己的思想，意味着真正的长大。思想独立了，自然与众不同。

盲从者看到的都是"真理",独立思考的人能看到谬误

刚刚手机微信信息提示音响起,打开一看,朋友群发的一条信息:"十万火急!谁的群多,请帮忙转发一下:一个山东打工者,22岁。叫王树亮。家住山东省菏泽市郓城县侯咽集镇枣杭村。现不知在什么地方,请他速回山东省菏泽市郓城县县医院。家中失火,父母双亡,姐姐伤势严重,想见他最后一面。舅舅电话:187*******。爱心接力,谢谢!"这是我最近几天看到的第16条相同内容的信息,它出现在朋友圈里、微信好友群里、QQ好友群里,还有个人单独发给我的。而此前,类似寻人帖被众多人热心转发于网上,顺手一搜就有几万条。

这些信息经查证,都是假的。比如上面这条信息,有人根据信息里面提到的"枣杭村",查找到村委的电话,打过去询问,结果村里没人叫王树亮,也没有发生过火灾,更没人因火灾死亡。其实这都是别有用心的人制作并发出这样的信息,被一些善良、热心但不辨真伪的网民转发后,更

多的人加入了进来。拥有几万条的转发量，却没有人怀疑它的真实性。

不问是非，不管对错地跟随、顺从，是谓盲从。盲从者最大的一个盲点就是，看到的都是对的。看着网上多人转发，就一窝蜂地跟上去，有多少人是被忽悠着做了吃瓜群众，有多少人又是被利用，当了水军还不自知……但在这些人眼里，存在就是正确的，众人在做，众人要求他做，那就坚定地跟随、服从。

前文我们用大量文字阐述了，众人都在做的事不一定都是正确的、存在的不一定就是合理的等道理，松毛虫的盲从导致集体死亡，跟风随大溜之人的盲从导致迷失方向、经济受损、丧失自我……这样的例子比比皆是。前两天亲眼看到一个十几岁的少年，在一群不良少年的怂恿下，点燃了一根烟。我问他："你还未成年，抽烟危害健康你是知道的，为什么他们让你抽，你就抽呢？"少年说："他们都在抽，他们说偶尔抽一根没事的。"只一句话，就轻易接受了谬误，放弃了坚持。

可见，盲从很容易，也很可怕。唯有凡事坚持独立思考，才不会轻易陷入盲从。因为独立思考者能够于众人信奉的"真理"中发现谬误，能够在众人盲目追随的脚步中修正自己前进的方向。伽利略坚持独立思考，于人们认定是真理的权威结论中发现了谬误，通过著名的"比萨斜塔实验"，推翻了亚里士多德先前的理论，证实了物体下落的速度与物体的重量无关。袁隆平坚持独立思考，不盲从世界学术界的流行观点，摆脱"水稻杂交不会产生优势"的权威论断，成为中国杂交水稻事业的开创者，创造了杂交水稻的神话……一个个独立思考者以睿智、清醒的头脑，坚定的信念为翼，不仅助自己一步步走向正确的成功之路，而且推动了社会文明向前迈进的脚步。

所以，当我们忍不住要扎堆凑热闹的时候，当我们被众人裹挟着做自己不想做的事、说自己不想说的话的时候，当我们顺从惯性思维、惯性心理，不假思索认同所谓的"专家""大师""权威"的言论的时候……请稍微停顿一下，提醒自己："我用自己的头脑思考过吗？""我所说、所做、所信的都是我自己经过分析得出的结论吗？"

孔子曰："众恶之，必察焉；众好之，必察焉。"强调的就是，在潮流面前，在众论面前，要时刻保持清醒和独立思考的警惕性。同时，强调独立思考的重要性，不等于推崇为了与众不同随时随地跟大众唱反调。我们不能盲目地顺从大众标准和所谓的权威、真理，但也不能盲目地否定一切。独立思考的一个重要前提就是"察"，察其对错，察其真伪，在"察"的过程中去伪存真，形成自己的判断。

当然，受客观、主观等各方面的局限，很多时候即便经过独立思考做出的判断和决定，也不一定就是正确的。但是，正如爱因斯坦所说："一个经过独立思考而坚持错误观点的人，比一个不假思索而接受正确观点的人，更值得肯定。"因为独立思考者即便错了，也会清晰地认识到自己错在哪里、因何而错，然后懂得如何纠错，从而由失败走向成功。也就是说，独立思考不可能保障我们一直不犯错误，但会让我们在发现错误之后，迅速走出错误的泥潭。而盲从的人由于缺乏独立思考的能力，只知被动接纳，错了也不明白究竟为何错了。对于盲从的人来说，失败就是失败，不会从中总结出对自己有益的收获，当然也就不会让失败成为成功之母。如果说独立思考能够让人迅速走出错误的泥潭，那么缺乏独立思考能力的人，会反复在一个泥坑里跌倒，却不知道下一次如何避免再次跌倒在同一个地方。

所以，拥有独立思考能力的人，一定会少走弯路，少犯错误，因为他们有辨别真伪的能力，有超强的纠错能力。看看身边的成功者，无不是善于独立思考的人。敢于走自己的路，敢于与众不同的我们，就要先从独立思考做起。

不会独立思考，只会被人不停洗脑，牵着鼻子走

我想，生活中没有人愿意被别人牵着鼻子走，可事实上有很多人在不知不觉中做了这样的人。

股评今天说，经济形势开始走低，于是很多人便不计成本地疯狂抛盘；股评明天说要大涨，8000点不是问题，于是很多人又疯狂地注入资金不惜买入高价股。当出现抛盘损失惨重或被套牢的情况，这些人纷纷抱怨股评不负责任，却没有人意识到，自己在盲目听从股评，被股评牵着鼻子走。

有人说，食盐面临短缺，要赶紧抢购，不然以后好长一段时间买不到了。于是大家一窝蜂地抢购食盐，致使很多超市卖断了货。可结果呢，有人买回家的盐居然这辈子都吃不完。于是一味指责那个造谣的人，却没有反省一下自身的问题，为何会听信谣言，被人家牵着鼻子走？

保险业务员介绍说，有个险种特别好，应该给家里人投一份，他听了

介绍觉得真是太有必要了。可真到用到这份保险的时候，才发现很多条款设置并不适合自己，被别人说得天花乱坠的保险，于自己却是鸡肋一般。

在公司有一同事对他说，领导对他有偏见，总把出力不讨好的工作交给他干，却把肥差交给另一个同事，他越听越觉得好像真有那么回事。于是，以后领导分配任务的时候，他就多了一份心，果然觉得领导在他和另一个同事之间，是明显偏向对方的。他就有了情绪，找各种理由不接受领导分给自己的工作，这期间那个"好心"的同事还总不时在他耳边提醒他，"领导又如何如何了"。久而久之，他心里的不满不断升级，最后干脆直接顶撞领导，说领导给自己小鞋穿。而领导对他的评价也是一落千丈，他在公司的处境越来越尴尬。反观那个撺掇他的"好心"同事，却隔岸观火，心里偷偷乐呢。他被别人牵着鼻子走了一圈，还不自知……

我一朋友因车祸瘫痪，不得已把自己经营多年的饭店交给了他20岁的儿子打理。他再三嘱咐孩子，凡事多动脑子，实在拿不定主意，一定要回家跟他商量。可孩子呢，一方面觉得父亲身体不好，需要静养；另一方面觉得自己已经长大了，能够靠自己的能力管理好饭店。所以，接管饭店后，他什么事都不跟父亲说。但他不听父亲的，却很愿意听别人的。有人说，你这饭店生意不温不火的，应该改变一下经营风格，于是他便投入一笔资金，从饭店装修到菜品，都大换血，改了以往的形象和内容。可过了不久，有朋友说，有人去国外考察，现在中式快餐在国外很火，在国内也渐成热门，大家生活节奏快，下了班到店里快速点上两个菜，吃饱了就走人，多好。于是他再次动刀动枪，把饭店改为中式快餐厅。再后来，又做烧烤、做火锅……折腾了一年，饭店偶尔的盈利，也都用去装修和换设备了。父亲问起饭店状况，孩子哭丧着脸说："朋友们的点子听起来不错，可是做起来都不行。"父亲长叹一口气说："是你经营饭店，还是你的朋友经营啊？你被朋友左一个主意右一个建议牵着鼻子走，哪里还有自己的想法啊？"

以上例子中的人轻易跟着众人的脚步，受制于他人的思维的言行，皆因缺乏独立思考的能力。因为不能独立思考，没有自己的主见，才会轻易相信大众，才会按照别人的意见去做选择、做决定。自己的生活交由别人操纵，把选择权交给别人，这是很冒险的事情。一来容易上当受骗；二来容易受制于人；三来更容易把自己置于被动、失败的境地。

作为独立的个体，来这世界走一遭，一定要自己的脚走自己的路，被人牵着鼻子走别人规划的路，那是对自己生命的不尊重。遇事先问问自己的内心，用自己的头脑去分析问题，挖掘问题的根本；然后试着以旁观者的眼光审视、观察和思考问题，如此才能更清楚地看到对方所言的出发点，看到自己在事件中所处的位置；还要多问几个为什么，这有助于我们追根溯源，从而看问题更深入、更全面，也就能在处理问题的时候占据主动；最后，通观全局，抛开固有的观念和惯性思维，抛开现成的别人得出的结论，抛开权威的论断和所谓的官方定论，独立思考，得出自己的结论。

当我们在独立思考的时候，我们是自己精神世界的主宰，是自己生命的主人。不受外界纷扰的控制和束缚，不被他人的意志牵制和操纵，不做别人的影子和傀儡。只坚定、自信地做自己，做那个有立场、有观点、有思想、有主见的自己。这是独立思考给予我们的强大力量。

没有质疑过，你也就从未独立思考过

很小的时候，我读到孟子的那句话："尽信书，不如无书。"幼小的心被大大震了一下，写到书上的白纸黑字，可以质疑？

上学的时候，一位老师告诉我们："老师说的也不一定对，你不必全听老师的。"听了这话，我再次蒙圈，学生可以不听老师的话？

随着年龄的增长、知识的增多，我才渐渐理解了这两句话，并试着去做。而当我真正用质疑的目光去读书，去听老师"传道授业解惑"时，便越来越多地发现，书中所言、老师所授的内容里，需要质疑的东西的确很多。无怪宋代学者朱熹说："大疑则大悟，小疑则小悟，不疑则不悟。"

学习、做学问如此，生活中也当如此。学会质疑，才会独立思考。对接收到的信息进行质疑，这是独立思考的第一步。只有不全盘接受，对其进行怀疑，才会进一步加以分析、考证，如此，独立思考才能真正展开。

那如何学会质疑？无他，克服思维惰性，不做那个只知道被动接受信息而不加以任何判断的懒人。

想要克服懒惰，首先要树立"没有永远的真理"的理念，不迷信书本，不迷信权威，不迷信真理，不迷信群体言论。唯有懂得，圣人也会犯错，我们才敢于质疑。

其次要勤于练习质疑。把质疑当成一个习惯去培养，让它成为我们的一个本能。比如，看一则新闻，我们头脑中形成的第一反应是什么，记住它。然后问自己："有没有和这个反应的内容相对立的反应？"或者读一段文字，我们的第一理解是什么，然后试着从相反的角度去思考，形成对立的观点来驳斥这段话。童话大王郑渊洁说："我从小就不循规蹈矩，我怀疑前人的所有学说。我看书的诀窍就是弄懂书上的每一句话，然后再努力证明它们是错误的。"可以说，郑渊洁把"质疑"做到了极致。我们做不到"怀疑一切""证明每一句话都是错的"，但我们可以学习他这种"怀疑一切"的精神，把"质疑"的意识渗透到骨子里。

敢于质疑，时时质疑，难道就够了吗？当然不够，这才仅仅学会"有疑问"，让疑问产生。接下来，还要围绕这个疑问去寻求答案，多方求证，并对求证来的各种信息加以判断，以此来论证自己质疑的科学性。而这个过程算是独立思考的核心部分。比如，我们怀疑一条新闻的真实性，那就要去查证这条新闻的来源，因为事物的源头可以提供给我们客观的信息。再比如，我们质疑一个前人总结出来的经验，那不妨拿到现实生活中去检验一下，实践出真知，是否可用，一验便知。没有什么比自己亲自动手做，然后得出结论，更让自己相信了。

一个科学家对几个小朋友说："一个杯子装满了水，再放进别的东西，水就会漫出来。可如果放进去一条金鱼，就不是这样的。你们知道为什么吗？"一个小朋友迫不及待地说："这是因为金鱼身上有鳞片。"另一个小朋友则抢着说："一定是金鱼把水喝下去了。"其中有一个叫伊琳娜的小朋友觉得他们说得都不对，可她又想不出更有道理的答案来，闷闷地回到家后，还在思考这个问题。这时候妈妈说："不能光想，你动手做做看！"伊琳娜于是找来一条金鱼，把它放进一个盛满水的杯子里。她惊讶地发现，根本不是科学家说的那样，水漫出来了！她很生气，第二天跑去质问科学家："您怎么可以提这样的问题，来哄骗我们小孩子呢？！"

科学家听了哈哈大笑，他说："我不是哄你们。我是为了让你们知道，科学家说的话，也不一定都是对的。凡事要自己动手做做看。"

我为故事中的科学家和伊琳娜的妈妈点赞！科学家在用心培养孩子们勇于挑战权威、勇于向权威质疑的意识，伊琳娜的妈妈则懂得鼓励孩子，不盲从权威，要孩子自己动手实践，去发现真相。故事中的科学家是法国杰出的物理学家和教育家朗志万，他一生在科学研究和教育领域辛勤耕耘，不仅自己取得了显著的科学研究成就，而且为科学的发展和传播做出了贡献。他的辉煌与他倡导的"不迷信权威""要自己动手做"的理念是分不开的。我相信故事中的小姑娘如果能领会并很好地坚持了这两点，也会在今后的学习、成长道路上创造卓越。

质疑是思维的开端，是创造的基础。迈出质疑的第一步，才会有独立思考，才会有成长、有突破、有创新。

当然，质疑不代表就一定能获得真知，经过求证、求真之后发现自己的质疑也是错的，这也是时常会发生的事情。面对这样的结果，我们也要微笑接受，因为如果不质疑，我们又怎么会知道自己错了呢？

所谓成长，就是通过独立思考来自我救赎

何谓成长？是一年增加一岁，长高几厘米，还是从小学到大学，学历的提高、知识的增加，抑或是离开父母，参加工作，谈恋爱，结婚，为人父母？这些是成长，又都不是。这一切的增长唯有建立在思想独立的基础上，才可称为真正的成长。也就是说，不依附、不隶属、不盲从，做事和解决问题有自己独到的见解及方法，能够保持独立的人格，才属于真正意义上的成长。否则，不过是徒增年龄、学历、经历罢了。

我认识一个26岁的小伙子，他不仅是地级市电视台综艺节目主持人，而且长得高大帅气，尤其是在镁光灯下那张阳刚的脸更是能迷倒一众女孩子。可他一直没有意中人。有人说他心气高，没遇到让自己满意的；有人说他忙事业，没有时间和精力谈恋爱；也有人说他是不婚主义者。而我知道的事实真相却是，小伙子是不折不扣的妈宝，也就是很听妈妈话的"小男孩"。听话到什么程度呢？每天穿什么样子的衬衫、什么样子的皮

鞋，都要听妈妈的意见。如果妈妈说，你今天应该穿白色衬衫，那么他即便已经从柜子里拿出黑色的了，也会毫不犹豫地放回去。因为身边围着的那些女孩子没有让妈妈满意的，所以他的感情一直处在游荡的状态。我问他，他自己的感受和对心动的女孩子的要求，结果他一脸茫然地说："妈妈说，婚姻大事得听父母的。谈恋爱嘛，也得尊重父母的意见。"听了这话，我想说，这小伙子虽然26岁了，身高180厘米，但他还是个小孩子。

无独有偶，我还认识一位35岁的女士，不仅硕士学历，而且是中学老师。按说，她应该是位很独立的女性，可她做任何事情都要找人商量，叫别人帮她拿主意。小时候听父母的，参加工作了听领导的，结婚了听老公的，现在孩子不到10岁，竟都可以帮她拿主意了。有一次，老家来亲戚，想请她带着去医院看病。她急忙拨打老公电话，可偏偏老公手机关机了，联系不上。她一下子六神无主地原地转圈，不知该怎么办。同事不知道情况，看她急成那个样子，还以为她家里出什么大事了，就给她出主意："你有没有你老公单位办公室电话呀？"她一听，于是转而打老公单位对外联系的固定电话。电话接通，她在电话里乱七八糟说了一通，向老公询问该如何如何。旁边的同事听了，忍不住连连摇头、叹气。这位女士告诉我，如果做事没有亲近的人给她拿主意，她心里就没底，做什么都不安心。我想说，这位女士虽然高学历，也为人师为人母，但她也还是个小孩子。

遇事都交由别人做主、做决定、做选择，由别人来指挥自己怎么做，这两人难道不是小孩子的标准特征？一个人若没有独立思考的能力，纵然身体成年了，心理却依旧是一个长不大的小孩子。独立思考是获得独立人格的重要途径，所以，只有通过独立思考来自我救赎，才能算得上真正的成长、成熟。

老师上课的时候，问全班45个小学生："如果房子着火了，怎么办？"有40个孩子大声回答："打119，让消防警察来灭火。"有4个孩子说："赶紧去找很多人来，大家一起提水来灭火。"老师对他们的回答给予肯定，因为这都是老师和父母平时教给他们正确的、有效的办法。但有一个孩子的回答很"另类"，"找来葫芦娃里的水娃，朝着着火的房子轻松吐那么一口水，火一眨眼就能灭掉。孙悟空也可以，他可以让龙王降下一场及时雨，所有危情轻松解除。"他的话引来全班哄堂大笑，老师也气急败坏地批评他："房子着火了，你还有心思在那里天马行空，想这些不着边际的办法？"

很多人听完这个故事，可能会跟这个老师的想法一样，但我听完后，忍不住为这个小孩子竖大拇指。他的灭火办法尽管"不着边际"，可那是他独立思考后的结论，这是他可贵的，也是值得表扬和肯定的地方。那些说出有用办法的孩子们，说的都是大人教给他们的办法，而非自己独立想出来的，尽管正确，可缺乏亮点。这些小孩子在今后成长的路上，如果习惯了这样被动接受现成的经验、结论，而懒于独立思考，可能永远都只是"在成长"。而面对一件事，若能够开始独立思考，自己做出判断和选择，就意味着我们在向成熟迈进。

所以，迈向成熟的关键是，培养独立思考的能力。而第一步，就要先从"自己的事情自己做"开始。无论心里有多犹豫、多不安，都请尝试"自己的事情自己做"，不要一遇到问题就想着去请教别人，不轻易求

助于他人，依赖他人。这个过程，可能内心会很难受，有迷茫，不知道应该怎么办才好；有担心，万一自己的决定错了，自己的选择错了可怎么好；有纠结，"问一问别人吧""先自己想想吧"心里仿佛有两个小人在不停"打仗"……这些纷扰再正常不过，要有耐心，给自己时间去克服这些情绪。告诉自己，即便自己做出的决定，最终证实错了，那也是一大进步，毕竟我们已经开始独立思考。何况，事情本来就没有绝对的对与错，我们先前依赖着的，帮我们出主意的人，也并非每次提出的建议都是正确的、合理的。要敢于迈出第一步，不怕出错，否则只能原地踏步，放弃成长。

第二步，在独立解决问题的过程中，要保持头脑的清醒和思维的清晰。要想清楚自己真正想要什么、方向是什么。然后围绕这个核心去考虑问题。我给这样的思维过程起名叫"以果为始"。也就是说，我们先明确自己想要的结果是什么，然后从最终的结果出发，一步步推及眼下，从而明确知道自己该如何一步步去处理问题。这样做的好处很明显，那就是不会在思考的过程中迷失方向、忘记初衷。

第三步，要把独立思考坚持到底，让独立思考成为一种习惯。在日常生活中，做每一件事情，都提醒自己用独立的思维模式去分析和解决问题。一方面可以有意识地通过一些方法，来增强自己的独立思考能力。比如，观看一部电影后，写影评；阅读完一本书后，写书评。在写的过程中，尽可能地提出自己的看法、想法，或赞同或反对，都要写得有理有据。这个过程非常有利于提高自己的分析和思考能力。另一方面可以经常就周围发生的事情，发表自己的看法，尽可能地从不同于周围人的思维角度去分析和观察，从而得出和他人不同的结论。换句话说，不轻易被周围的思想左右，要锻炼自己的判断力和思考力。

当我们学会独立思考，真正长大，才能用充满智慧和独立能量的头脑，去点亮人生的道路，引领我们获得更有意义的人生价值。

唯有独立思考才能打破定式思维，找到解决之道

一个问题当然不止一种解决办法，但是生活中我们习惯于沿袭前人的经验，照搬书本知识，觉得那样做很省事。于是，便渐渐形成了一种思维定式。

可是，事物总是在不断发展变化的，当具体情境发生了改变，若还依旧按照老办法来，显然是行不通的。比如，被代代相传的"司马光砸缸"的故事中，小孩子掉到了装满水的缸里，按照常规办法，要么伸手把缸里的孩子捞出来，要么推倒水缸把里面的水放出来。但这两种常规办法只针对成年人，现在情境发生了改变：现场没有大人，只有几个小孩子。若这几个小孩子一味按照这两种办法去解决问题，估计缸里的孩子会没救，弄不好还会在捞孩子的过程中，不小心再掉进去几个。

可见，一味因循守旧是会耽误事的。更重要的是，会阻碍人们创新思维的发展。一个只知道用老方法、老思维、老习惯做事和解决问题的人，

其创新思维势必受到抑制，创造力自然受到束缚，一辈子也只能从众、随大溜，很难有什么成就。接到"把梳子卖给和尚"推销任务的人，如果受定式思维影响很深，第一反应一定是，"和尚没有头发不用梳子，这个任务无法完成"。有这样想法的人，自然就不会积极调动创新思维，想出别人想不到的"把梳子卖给和尚"的办法来。

我们若想知道自己受定式思维影响有多深，那不妨先来听听下面这个故事，做个选择题。在一个风雨交加的夜晚，你开车经过一个站牌，看到有三个人在站牌下面等公交车：一个是生命垂危的老人，急需送去医院；另一个是曾经救过你命的医生，你非常想报恩；还有一个是你一见钟情的异性，你不想错过。你想帮三个人，可你的车上只能再坐一个人。这个时候，你会怎么做？

需要强调的是，不管我们最后做出什么决定，都没有人会怨我们，但我们要保证自己做出的决定是最佳选择。选择带老人走，医生怎么办？这可是我们最好的报恩机会；一见钟情的异性怎么办？错过了可能这辈子再也见不到。选择带医生或者钟情者走，那老人可能会死，见死不救怎么可以呢？到底怎么办？

面对这个问题肯定是不好做出决定，这时就需要我们可以打破思维定式，可说起来容易，做起来难，那究竟应该如何打破思维定式，培养自己的创新意识和创新思维呢？答案只有一个，那就是独立思考。因为唯有进行独立思考，我们想出的办法才能做到首创、独到，我们也就不会因为惯性思维做出让自己后悔的决定。因为面对问题我们往往会不自觉地、自然而然地陷入定式思维中，但要挣脱定式思维，则需要意志，需要努力。

要做到独立思考，我们首先就要突破常规思维的束缚，以及所谓的经验、权威、书本理论，把它们统统抛到脑后，一旦受了它们的影响，我们就会不自觉地落入定式思维的窠臼。一天听儿子和几个同学说笑，他对几个同学说："有一位聋哑人去商店买锤子，他对着售货员做这样的动作……"儿子一边说一边比画：左手做出捏着钉子的样子，右手握成拳头举过头顶，朝左手敲击，"售货员一看就明白了，转身递给他一把锤子。聋哑人付完钱刚走，这时候进来了一位盲人，他要买一把剪刀，你们说，他会怎么做？"几个小孩子七嘴八舌地喊："这还不简单，肯定是这样比画啊……"说着都伸出一只手，弯曲其他手指，然后伸直食指和中指，做出剪刀状。儿子得意地大笑："你们错了！盲人买剪刀，只需说出来就行，干吗要费劲地比画啊！"别看儿子现在得意，当初我跟他说这个故事的时候，他的反应跟他的同学一模一样。我也曾拿这个故事问过成年人，结果大部分人和孩子们想的一样。所谓的经验、所拥有的知识引领他们快速按照常规思维给出答案，不想绕了个圈子还是掉进坑里。

如何才能突破常规思维的束缚，在独立思考的时候不受其影响呢？一个很有效的办法就是，果断放弃那个最先从你脑子里蹦出来的想法。因为最先蹦出来的想法，十有八九是常规思维。另一个就是，当你遇到自己不知道如何解决的问题想要问百度的时候，先忍住打开电脑的冲动，合上书，闭上眼睛，自己想想，天马行空也好，脑洞大开也罢，怎么想都行。因为这是打开思维的绝佳机会。

在抛开旧有的条条框框的基础上，平时做事情的时候，我们可以试着努力多想几种不同的方案。可以正向想一个，再逆向想一个，多方位、多角度地去想，想一种常规的，再想几种非常规的，以此锻炼自己的创新意识和创新思维。对于同一个问题，还可以用不同的表达方式去陈述它，努力理解它的不同含义。

前几日在同学群里闲聊，一个同学出了一道题："1瓶啤酒卖2元钱，4个瓶盖可以换1瓶啤酒，2个空瓶子可以换1瓶啤酒。现在有10元钱，请问可以喝几瓶啤酒？"于是同学们开始七嘴八舌，有人说10瓶，有人说11瓶……直到有人算出可以喝15瓶。我说："当我手里有3个瓶盖的时候，我可以向商店售货员借1个瓶盖，凑够4个再换一瓶，喝完这瓶后把瓶盖再还给售货员。如此可以多喝一瓶。"经我这么一说，同学们思维大开，纷纷说那不仅可以跟售货员借，还可以跟买酒的顾客借；不仅可以借瓶盖，还可以借空瓶子。如此借下去，这酒可以无限喝下去，直至酒厂宣告破产关门。一道题引发一群人脑洞大开，在嘻嘻哈哈中完美演绎了一场打破思维定式的训练。

由此可见，随时随处都可以进行"大脑体操"。凡事坚持努力从独特的视角出发看问题，用独到的思维去分析和解决问题，如此，才能逐渐脱离定式思维，开发创新思维，开拓新视野，开创新的人生路。

最后，还记得上面提到的那个风雨夜的选择题吗？据说这道题是美国一家大公司老总为200名应聘者出的考题，但只有一个人被录用。而那个人的回答是："我会让医生开着我的车带那个生命垂危的老人去看病，然后我留下来，跟我一见钟情的人一起等公共汽车。"

第 9 章

所谓的缺点，不过是别人无法接受的特点

人没有缺点、优点之分，所有优、缺点都是特点。利用好你所认为的缺点，它就是你的独有优势和获得成功的宝贵资源。所以，放下完美主义，自信地接纳自己的缺点，做一个有特点的、独特的人。

令人难忘的不一定是最美的，而是最有特点的

一日闲来无事，我翻看外出游玩时拍的照片。那一组是在一处森林公园里拍的，镜头里满是参天古树，一棵棵身姿俊逸挺拔、郁郁葱葱、枝繁叶茂，尽显高大伟岸之美。但我没有欣赏之意，而是一掠而过。终于，鼠标停下来，我的目光锁定在屏幕上的一张照片上，照片上的一棵树不同于周围那些直插云天的树，它树干扭曲、树枝旁逸斜出，乍看有一种狂傲不逊的感觉。再细看，树身有一幽深的洞，探头望向洞里，里面居然是空的，竟能一直看到底下裸露的树根，顿觉它身上流淌着沧桑、残缺的凄冷之美。

那处森林公园里有几千棵树，但回来说起当日所见美景，我独对这棵树念念不忘。不是它有多美，而是它于几千棵树中最不同。

大自然如此，人亦如此。

因为工作性质决定，我每年都要参加一些笔会。但每次笔会的主题都

大同小异，与会的人不是作家，就是报社、杂志社、出版社的编辑、总编辑，举手投足气质都差不多，所谈所讲也和往年差不多，所以，大大小小的笔会结束后，很快也就印象模糊了，能记住的人不多，说过的话也大致会忘得差不多。可有一回，有那么一个人，就叫我硬生生记住了，到今天也忘不了。

和其他参加笔会西装革履的人不同，这人上身穿着亚麻料子的对襟大褂，肥肥大大的，走路时衣服跟着晃荡，下身同样穿一条肥大的裤子，脚上穿了一双懒汉布鞋；吃饭的时候，别人小口抿着红酒，优雅品着小菜，他喝二锅头，用大杯装，大口喝酒，大口吃菜，但绝不给人粗俗之感，反倒透出一股豪爽之气；说话更是与众不同，直来直去，不含蓄、不粉饰、不修饰，说到气愤时，还拍桌子骂人，用他的话说是"直抒胸臆"。

别以为他"胸无点墨"。他不仅创办了三本杂志，而且其中一本还是中国历史上第一本专门研究演讲、口才和公关的《演讲与口才》，发行量最高达113万份，其本人被誉为"中国报刊界的拼命三郎"；在北京大学、清华大学、南开大学等多所高校演讲上千场，并在全国发起组织了十多次有影响的演讲大赛；几十年工作中获得各种奖项无数，被媒体报道无数……他叫邵守义。

我认识邵守义老师的时候，他不年轻潇洒，且已经年近古稀；不英俊帅气，瘦瘦一老者，长衫布鞋那么随意一穿，就参加笔会，出席活动；不口吐莲花、引经据典，只有啥说啥，想啥说啥……但，只见那一面，多年过去了，我依旧牢牢记着他。只是因为，他在众人中，独不同。

能让我们长久记住的,不一定是最美的,但肯定是独具特点的。因为有特点,所以才不同于其他,才格外突出。一个人能于众人之中脱颖而出,不是他有多完美,而是他有自己不同于别人的特点。所以追求卓尔不群,并非追求完美,而是夯实自己的特点。

有人会问,如何才能让自己有特点呢?其实,每个人都有自己的特点,因为每个人都是独一无二的,关键在于如何去发现、挖掘自己与众不同的那个点,然后加以雕琢、放大,让其闪光。当然,我们这里所说的与众不同的特点,是指有助于我们取得成功、实现人生价值最大化的可用之点。有人又会问,可用之点肯定是指优点、特长,对于只有缺点,没有优点的人来说,是不是就是没特点的人?

缺点是什么?从另一个角度解释,也是一种特点。或者可以说,人没有优、缺点之分,所谓的优、缺点,其实都是特点。

第一,取决于我们如何看待和理解。同样一个点,有人觉得是缺点,有人反而觉得是优点。比如说，一个人胆子小，有人说胆子小是不勇敢，做事缩手缩脚，是缺点；有人说胆子小是谨慎，做事仔细周全，是优点。看，每个人的看法不同，优点可能也是缺点，同样地，缺点也可以是优点。

第二，取决于我们如何运用。用对了地方，缺点就是优点。比如，童话故事中的骆驼和小山羊，当骆驼能够到高处树上的叶子，山羊够不到的时候，骆驼的高大就是优点，山羊的矮小就是缺点。可是，当山羊能轻松从墙洞钻过去，骆驼却不能的时候，山羊的矮小就成了优点，骆驼的高大反而成了缺点。

因此，我想说，一个人只有特点，没有缺点。不要为自己有所谓的缺点而感到自卑，要知道尺有所短寸有所长，缺点用对了地方都可以发挥作用，都可以成为特点。我们所要做的就是，善于为它找到合适的位置，让它成为我们的"优势生长点"，然后利用它获得成功。

甲壳虫汽车刚刚进入美国市场的时候，很不受人们欢迎，因为它短小而局促的空间，和当时流行的既大又长的豪华轿车相比，显得格格不入。可以说，小，成了甲壳虫滞销的一个致命弱点。寻常人卖东西，自己心里最清楚商品的弱点是什么，推销的时候势必极力掩饰弱点，只夸优点。但是广告大师伯恩巴克反其道而行，他直接拿甲壳虫的"小"来做广告，"想想小的好处——停车容易、保险费用低、维修成本低、油耗低……"此广告语一出，一下引起人们的共鸣，人们突然觉得小原来有这么多好处，甲壳虫因此畅销不衰。

伯恩巴克把缺点用对了地方，造就了甲壳虫与众不同的特点。同样，我们只要懂得利用缺点，那它就可以转化成我们的优势，帮助我们取得成功。

完美的人不如有缺点的人可爱

"云想衣裳花想容",人人都喜欢追求完美。因为怀着渴求完美的心,我们常常为自己的不完美苦恼、自卑,想着个子再长高一点就好了,想着自己为什么是单眼皮,想着做事情头脑再聪明一些就好了,想着自己人缘差,如何才能受到更多的人喜欢……我因为写一些心理方面的文字,所以时不时会收到读者的来信,他们跟我倾诉烦恼,诉说最多的就是不能接受自己的缺点,抱怨自己这里不好,那里不满意,总之,"讨厌不完美的自己"是他们苦恼的根源。

我想说,抱着一颗追求完美的心去做人、做事,是值得肯定的,因为这是一种积极的生活态度,这种积极的心态可以促人上进。但是过于看重完美,视完美为做事的终极目标,并且不能接纳不完美的自己和生活现状,就不可取了。居里夫人曾言:"完美催人奋进,但苛求反而成为科学进步的大敌。"的确,苛求完美在任何时候都是进步的大敌、幸福的大敌。

世上没有十全十美的事，完美也并不存在。只是人们欣赏事物的角度不同，对事物美好的要求尺度不同，对美的追求没有止境，所以世界上没有一件事物是让所有人满意的，这只能说我们在追求完美的路上，一次次接近完美，但永远缔造不出完美。有一句话说："完美的商品只存在于广告中，完美的人只存在于悼词中。""从麦田中寻找最大、最饱满的麦穗，最后空手而归"算是诠释苛求完美最经典的故事了。所以，苛求完美注定身心疲惫求而不得。

既然完美并不存在，那么那些看上去"完美"的人和事，就会透着刻意的"人为""伪装"成分。凡事打上"伪装"印记，便是"作假"，甚至"可怕"。看上去完美无瑕、晶莹透亮的水晶石，必定是人工制作出来的；看上去鲜亮的没有一丝斑纹和瑕疵的苹果必然是打了蜡的；看上去干干净净、金黄新鲜的生姜，也定是被硫黄熏过的……

同样，看上去"哪里都好，挑不出毛病"的人，一定是伪装功夫了得、将缺点藏得极深的人。宋丹丹说："如果一个女孩子让你觉得简直完美，超聪明、超善良、超美丽，别信，一定有伪装成分；如果一个男人让你觉得简直极品，超温和、超儒雅、超帅，别信，一定有不为人知的，可怕的一面。"这话细想来，其实是有一定道理的。完美无缺的人是不存在的，如果有，那就要小心了。骗子说出的话一般都冠冕堂皇，每一句都说到人心坎上，他们伪装完美的终极目的是行骗。时时处处把最好的自己展示给别人，努力刻意掩饰自己的缺点的人，也是一种"欺骗"，其背后终有不可放到明处的目的，比如，为了尽快取得意中人的信任和认可，为了博得领导的提拔，为了获得大众的称赞……除此之外，伪装完美的可怕之处还在于，人毕竟不是神，不可能时时刻刻"装完美"，一个长期处于伪装状态的人，内心那根紧绷着的弦，总有超出承受能力的时候，当他需要宣泄的那一刻，一定很可怕。这也就是憨厚的人发起火来后果更严重的原因，就像一直被欺负的人一旦反抗，力量很惊人一样。

所以，应该对自己是有缺点的人这件事感到欣慰。虽然我们不完美，但我们真实。很多时候，正是因为不完美，才更容易被人们接受。比如，苹果公司的LOGO，难道不是因为那只被咬了一口的苹果而更加灵动可爱，从而被人们深深记住？美神维纳斯，难道不是因为缺少了双臂而美得神秘生动，从而引发人们长久地关注和种种联想？比萨塔的倾斜是缺陷，圆明园的凄凉是缺陷，但这些缺陷无不给人一种震撼人心的美、残缺的美。

不甘平庸的我们，才会勇于不断追求卓越，不断追求事业的发展、生活的美好，在不断的努力中，我们自然会变得越来越好。但是，在不断追求的过程中，一定要摆正心态，不做完美主义者，而是顺其自然，既要修正自我，又要接纳自我。不完美的自己不等于不优秀，有时候有缺点才显得可爱，有时候有缺点才有特点，有时候有缺点反而有优势。因此，要保持一颗自信的、乐观向上的心，正视真实的自己，正视不完美的现实。

　　试着洗掉厚厚的脂粉，让满脸可爱的雀斑晒晒太阳；不假装坚强，在众人面前肆意哭一回；跑得太慢，不如索性调整到适合自己的频率，还可以顺便欣赏一下路边的风景；试着接受自己的缺点和不完美，做回真实的自己，让自己的心灵能够得到释放，何乐而不为呢？所以，带上缺点上路，快乐奋进，去追求我们与众不同的人生。

只有心智不成熟的人，才把上天赐予的东西当累赘

有一个叫汤姆的男孩子，一生下来就少了半只左脚。但父母告诉他，上天赐予你的所有东西都是有用的，哪怕只是给你半只脚。所以汤姆从来没为这半只脚自卑过。相反，汤姆认真做所有健康男孩子能做的每一件事，他觉得别人能做到的，自己一定也能做到。后来汤姆喜欢上了橄榄球，于是每天拖着少了半截的左脚在球场上奔跑，他不觉得有什么不对。渐渐地，汤姆发现自己能把球踢出很远。他请人为自己的左脚专门设计了一只鞋子，去参加踢球测验，结果那天汤姆是所有参加测验的人中，把球踢得最远的一个。

为此，一个冲锋队和汤姆签了合约。可是教练并不看好他，他说："你不具备做职业橄榄球员的条件。"并建议他去试试别的行业。汤姆没有接受教练的建议，他认为自己能成为优秀的橄榄球队员。于是，他转去了另外一家球队，教练看着他的左脚，同样心存怀疑，但汤姆脸上自信的

神情让教练最终把汤姆留了下来。自此，汤姆刻苦训练，半只左脚也一点没影响他的出色发挥。短短两个星期的时间，汤姆不仅在一次比赛中一脚踢出了非常远的距离，并且为本队挣得了分数。为此，他得到了教练的认可，正式加入了这支球队。

汤姆在球场上尽情挥洒汗水，在一季比赛中为球队挣得九十九分。最辉煌的一次，在比赛只剩下最后几秒的时候，球被推进到四十五码①线上，距离得分线有五十五码远。教练大喊："汤姆，进场踢球！"汤姆一进场，队友就把球传给他，他一脚全力踢在球身上，球笔直飞出去……全场六万六千名球迷睁大了眼睛，屏住了呼吸，这时候终端得分线上的裁判举起双手，表示得了三分！汤姆的队获胜了，汤姆那一脚踢得最远的球，为他们的团队锁定了胜局！当人们知道汤姆长着半只脚，却用"不合格"的身体创下最好的成绩时，都纷纷惊呼："真是令人难以相信！"

上天赐予我们的一切没有累赘，都是有用的，缺点也好，缺陷也罢，都是上天给予我们的宝贵财富，关键就看我们怎么用。内心不强大的人，在缺点、缺陷面前会自怨自艾、消极懈怠，庸庸碌碌荒废一生，有的会自我否定、自暴自弃，甚至草草结束生命。而像汤姆这样，不以身体的残缺为借口，消极认命，懈怠自己奋斗的意志，反而努力地改变自己，积极地追求自己的梦想，并超越梦想，取得连身体健全的人都难以取得的成功，这难道不是勇士、智者？在他们的生命中，缺陷不是累赘，而是催他们向命运发出挑战的号角，是向前冲锋的动力。

---

① 1码=0.9144米。

海伦·凯勒自幼因病被夺去视力和听力,生活在无声、无光的世界中,却克服了巨大困难读完大学,完成十几部作品,其中,一部《假如给我三天光明》的著作震撼了无数人的心灵。

贝多芬双耳失聪后,曾经绝望至极。毕竟对于一个音乐家来说,还有什么比听不见他喜欢的音乐以及自己创作的音乐更不幸的事呢?但是他很快战胜了绝望,发出了"我要扼住命运的喉咙"的呐喊,听不见声音的音乐家一样能写出好曲谱来。他用牙齿咬着一根小铁棍弹奏钢琴,以此来感受节奏和律动,创作出一首又一首流传千古的名曲。

功夫巨星李小龙有个不为外人所知的先天缺陷:他的两条腿长短不一,右腿短左腿长。如此条件如何练就一身武艺?可李小龙经过苦练,不但克服了两条腿长短不一的缺陷,而且因势利导形成了自己的优势,长一些的左腿擅长远踢、高踢,如狂风扫落叶;短一点的右腿则擅长短促的近身踢,力量如发炮。而且他还根据自己的身体特点用心设计出适合自己的格斗姿势,不仅优美别致,而且别人还做不来,成就了他银幕上的巨星形象……

每个人都有自己的缺点和不满意的地方,与其抱怨,不如坦然接受。告诉自己,一切都是上天最好的安排,自己拥有的都是有用的。我们即使不能成为像上文所述的汤姆、海伦、贝多芬、李小龙等强者,但我们可以像他们一样,勇敢地向缺陷发出挑战,让它们成为推动我们向上的动力,成就我们的灿烂人生。

归根结底,生命其实都是不完美的,若人人都是完人,那这世界该有多单调和可怕。我们有我们的缺憾,他们有他们的短板,尽心用好自己所拥有的一切,便是对生命的负责。星尽其光,人尽其美。各自芬芳各自美,我们的生命自会美得与众不同。

缺点用对地方就是你的独有优势

生活中有不少人一生似乎都在不断地突破自己去接近完美，但完美却总是遥不可及。其实很多时候缺点是不可改变的，当取长补短成为徒劳，我们要做的就是接受它，然后运用智慧用好它。

太多成功的事例告诉我们，上帝手中没有失败品，平庸者眼中所谓的缺陷和缺点，其实正是上帝赐予每个人与众不同的地方。每个人都是上帝的"精心之作"，都是独一无二不可复制的，除非我们自己不懂得善用上帝的馈赠。

成功有时候真的很简单，只要我们换个角度去看缺点，并且把它放到最适合它的位置上，缺点就可以变成我们的优势。

有一个叫宾得的人，是"二战"时盟军一名优秀的狙击手。作为刚入伍不到一个月的新兵，他被派到热带草原，埋伏于满眼望去一片绿色的茂密草丛中，以伺机歼灭敌人。在所有狙击手中，他的枪法其实不是最准的，他埋伏的地点也不是离敌人最近的，但他是歼敌数量最多、最成功的狙击手。因为他能一眼看出钢盔、迷彩服的绿色和草丛的绿色的区别，在他眼里，那是两种截然不同的绿。所以，他总能够轻易将埋伏于草丛中、伪装得跟草丛颜色一样的敌人识别出来，然后一枪毙命。

宾得之所以拥有这种独特的能力，是因为他是个色盲。这一在常人看来是缺陷的特点，曾让他痛苦不堪。上学的时候，有一次宾得因为赶时间匆忙中穿了姐姐的紫色衣服闯进教室，惹得同学哄堂大笑，而他一直以为自己穿的是灰色的外套；过马路的时候，他无法识别红绿灯，只能跟在路人的身后，看着别人怎么走他才怎么走；最难堪的是美术课，他根本没办法分辨出赤橙黄绿青蓝紫。有一次，美术老师让大家画一幅春天的图画，宾得很用心地画了草地、大树、房屋和太阳。当他按老师的要求向大家展示自己的画，并依次介绍说"这是绿色的草地，这是青色的树冠，这是红色的太阳……"时，同学们发出了震耳的笑声。原来，他画的草地是棕色的，树冠是浅棕色的，太阳是灰色的。

对此，宾得深深自卑，但美术老师对他说："上帝不会少给你一种颜色。"多年来他一直把这句话记在心里，尽管毕业后的求职过程中，因为色盲他一次次被拒绝，但他并未灰心丧气，直到被部队特招成为一名狙击手，他的色盲使他意外获得了一个特殊的能力，那就是能从绿色草丛中分辨出伪装色和绿草的细微区别，从而能轻易发现敌人。

因为这一特殊的能力，宾得屡立战功。战争结束后，他被授予了英雄勋章。

"上帝不会少给我们一种颜色"。即使是缺点，只要懂得用智慧运用上天给我们的每一个缺点，把它放到合适的位置，那缺点就是我们的财富、我们的资源，同样能成就我们的与众不同、独一无二。

《红楼梦》中的史湘云是何等标致的人儿，但她在别人面前毫不扭怩地袒露自己咬舌的缺陷，喊"二哥哥"为"爱哥哥""厄哥哥"，不但不见其陋，反而更觉她俊俏、娇媚、可爱。这就好比女人的痣，痣本身就是人的一种缺陷，但是位置不同，起到的效果就有着天壤之别，长在双眉之间的额头上那叫美人痣，能让我们更添妩媚；如果长在眼角、嘴唇上就会破坏形象。

所以说，这世上其实不存在绝对的缺点，关键是我们站在什么角度看待而已。关于角度问题，记忆中对两幅画印象深刻，一幅画从正面看去，可以看到一个极丑的老太婆，但是当看久了，眼睛模糊时，我们又会看到一个年轻的美女；另一幅画从正面看则是一只癞蛤蟆，把图片倒过来看，却是一匹骏马。

为何同一幅画，会出现截然不同的效果？其实就是角度问题，如果我们总是盯着不好的地方，自己所看到的画面自然是丑陋的。这是放之四海皆准的道理，虽然这两幅画只是一种巧合，但其实任何一幅画、一件事情都是如此的，我们盯着什么地方看，就会看到什么样的景象；反之亦然。

只要明白了这个道理，我们就没有必要去苛求完美，更没有必要看轻自己身上所谓的缺点。因为所谓的缺点，只是我们意识里认为它是缺点，它才成为我们的缺点的。当我们懂得了把缺点当作特点，把它转化为我们独有的优势，而且发挥到极致的时候，人生反而才能无憾。

没有缺点的人往往优点也很少

"我的生活经验使我深信，没有缺点的人往往优点也很少。"这句话是林肯说的。

在美国南北战争初期，林肯为了保证能取得战争的胜利，在选拔北军统帅时，力求完美，选拔了一批修养甚好、几乎没有缺点的统帅，并给他们提供了充足的人力和物力，希望这些优秀的统帅能带队打败南军。然而，事与愿违，这些优秀的统帅反而一个个被南军将领打败，连华盛顿都差点丢掉。

这次战败，使林肯深受震动，他分析了对方将领，从杰克逊起几乎没有一个不具有明显的缺点，而同时又都具有个人特长的人。南军统帅李将军善用手下的长处，所以能打败自己任命的看似没有任何缺点而又不具备什么特长的北军将领。于是，林肯经过认真思考，毅然任命了"酒鬼"格兰特为北军司令。当时，委任状发出后，各界舆论大哗。许多人哀叹，北军将要完蛋了，竟然无人可用，任命了一个有大缺点的"酒鬼"，这样的人怎么可能打胜仗？甚至有人直接找到林肯，就格兰特好酒贪杯、难当大任为由，试图说服林肯放弃起用格兰特。林肯笑道："如果我知道他喜欢什么酒，我将送他几桶.'然而，历史证明，林肯任用格兰特是完全正确的，格兰特不仅使得北军取得胜利，而且还使得这一胜利成为美国南北战争的转折点。

说起林肯这个故事，不由得让我又想起了几年前获得超高收视率的抗战剧《亮剑》。剧中主人公李云龙就是一个缺点和优点都相当明显的人，这一点可以从上级一边骂他是"刺头""犟驴"，又一边赞扬他"鬼点子多""有创造性思维"两个极端的评价中看出来。很多人会疑惑，为何偏偏是这样的人总能打胜仗呢？这一原因在李云龙去探望因受伤住院的政委赵刚时，两人对"乖孩子"与"淘气的孩子"的辩证交流中得到了最完美的解释。李云龙总结说："乖孩子往往没出息，而淘气的孩子也许能干大事。"

由此可见，一个没有缺点的人，其实优点也极少。没有缺点的人，太过完美，做事也总是中规中矩，做不出什么有新意的事，也就毫无特色可言，自然离所谓的与众不同和特立独行的特质相去甚远。相反，在某方面才干越高的人，其缺点也往往越明显。因为，一来他的精力过多专注于发挥优势方面，自然忽略缺点的弥补；二来老鹰有翱翔于蓝天的翅膀，便少了奔跑跳跃的利足，虎豹拥有锋利的牙齿，便没有了砥砺进攻的锐角。这是上天造就生灵的平衡之术。一个缺点的背后，必然隐藏着一个优点；一个优点的突出，也必然有其缺点的相衬。

诸多缺点的阻碍，反而会造就某一方面的优势特别明显。比如，盲人的听觉往往比正常人灵敏许多，内向的人往往想象力丰富。数学家陈景润从小就不善言谈、沉默寡言，不仅在家因为孩子多排行在中间而被父母忽视，而且在学校也常常被同学孤立，于是在不知不觉中形成了自我封闭的内向性格。可是，正是因为他从小不被人注意、不受人欢迎，反而有了大量独处的时间让自己静静思考难题，探究事理，进而发展出了潜能，终于在数字、符号的天地中一展雄略，成为著名的数学大家。

综上所述，白天和黑夜相随，良禾和莠稗同在，一个人有缺点，自有优点。这世界上的东西无不是三分美七分缺陷。所以，不要不愿意看到自己的缺点，不能面对和接受它，更不必自卑、自怜，甚至想尽办法去掩饰。

要知道，不管是优点还是缺点，都是自己的一部分，我们应该接受自己的全部。然后客观公正地分析自己的优、缺点，把它们逐一列出来，进而分组，分为可以改正为有利的优点的缺点和本就是优点的优点，然后把它们发挥到极致，让其成为自己事业进步的动力，这叫"扬长补短"；不管怎么努力也无法改掉的缺点，可以想办法使其弱化，不让它们遮住我们的优势，但也要坦然接受其存在，这叫"容短"。如果今后遇到合适的机会，这短处或许会发挥能量，就像狙击手的色盲症，成为我们独有的优势。即便始终都只是缺点，那也是我们人生中的一部分，做一个有缺点但成功的人，人生同样也可以出彩。

总之，不管是扬长补短还是扬长容短，都要根据自己的具体情况而定。最终能够实现，把优点发挥到极致，成卓越之人；把缺点用对地方，发挥到极致，成独特的卓越之人。如此，才是人生最大的成功。

第 10 章
特立独行的路上，必须规避的雷区

很多人可能理解上有偏颇，一提到孤独，便会马上想到孤僻，一提到特立独行，便会马上想到目空一切……本章将对"特立独行"这一话题，容易产生误解的几个方面进行补充，以避免相关的误区。

内心可以孤独，性格不可孤僻

有一日，我跟一个正在读大学的男孩子聊起孤独的话题。他说："外向活泼的人很少一个人待着，因此一定很难感到孤独；而性格孤僻的人不喜与人交往，大多时候都是独处的，他们一定都很孤独。既然说，孤独有益于自我成长，特立独行就是要孤傲地甩开众人一个人走，那是不是说我们最好不要太活泼外向，为人最好也孤僻一些，这样才能不盲目合群、盲目从众？"

男孩子的话令我陷入了沉思，我觉得有必要在全书结束的时候，附带聊一聊孤独和孤僻的话题。

首先，孤独和孤僻完全不是一回事。两者在某种时候的外在表现形式的确很像，如自我封闭、独处、少与人交往等。但是孤独又不是由自我封闭、独处、少与人交往等外在"单独"的状态所决定的，孤独丰富的内在表现形式也不是一种外在的"单独"状态就可以替代和包括的。孤独是精神层面的一种心理状态，不拘泥于是不是一个人待着。独处、独居的人会孤独，外向活泼置身人群喧闹中的人也会孤独。这在前面的篇章中，我们进行过详细的论述。所以，不能简单地理解为：要内心孤独，就需要性格孤僻，不与人交往。其实，内心孤独的人，既可以很内向、很孤僻，也可以很开朗、很善交际。或静或动，都不会影响一个人享受内心的孤独。

其次，孤独和孤僻最大的区别还在于，孤独源于优秀于群体之上，因为思想独特而少有交流对象；因为有独自思考的内心需求而主动把自己置于孤独的状态，以便在孤独中充实自己、提升自己。而孤僻则是源于性格上的不良因素导致与人交流发生障碍，或逃避社交，封闭自我；或自卑内向，尽量不与人交往，从而被迫陷入孤独状态。换句话说，前者的孤独是积极的，是孤独者主动寻求的，并且自己处于一种享受的状态。它不是灰色的，而是一种积极向上的色调。而后者的孤独是消极的，孤独者本身是被动承受孤独，视孤独为痛苦。这种孤独的感觉带给孤独者的大多是负面的情绪感受，如压抑、沮丧、无聊、难过、颓废等，甚至产生被人嫌弃和厌恶的自卑和忧郁。长久置身于这样的孤独中，孤独者很可能会变得越来越敏感，越来越痛苦，越来越自我封闭。

面对孤独和孤僻，积极的孤独者会制造机会让自己有更多孤独的时候，以便能够更加专注自我，修身养性，积淀能量，让自己更加优秀；而孤僻者大多会在无边的孤独中，忍受着煎熬，小心翼翼窥探着外面热闹的世界，虽渴望能打破孤独和外界融为一体，从而告别孤独，却又无法战胜内心的胆怯和自卑，于是越发沉寂在孤独中，无法走出。

由此可见，积极的孤独是一种优秀的生活方式，而孤僻则不可取。我们不能为了求得孤独而故意封闭自我，去做一个性格孤僻的人。相应地，本就孤僻的人也不能以孤独的名义，甘愿继续封闭自我，在消极的孤独中越陷越深，还沾沾自喜地认为这是一种"特立独行"。我们可以内心孤独，但不可以性格孤僻。我们不仅要做到用积极的心态迎接内心的孤独，还要在孤独中享受静静思索的快乐，更要在该走出去的时候，敞开心扉面向世界，融入群体。尽管我们反对盲目合群，但必要的人际交往不可少。当今社会，人们若真与世隔绝，不与人交往，势必影响正常的工作和生活，甚至影响身心健康。这有违本书的主旨。

没有一个人能够长期处于孤独中，思想境界再高的人，也会有与社会交流的心理需求。内心孤独，思想孤独，不代表生活中会选择自我封闭。

一个孤独的成功者或天才，并不意味着没有朋友，没有家人、爱人，没有基本的人际交流。兼济天下和独善其身要能自如转换、并存于心。因为孤独的内在决定一个人的优秀，正常的外在生活决定一个人的快乐。所以，请让孤僻走开。

外在的腔调要靠内在的卓越来支撑

我家所在的居民楼一楼有一户邻居，孩子大概十五六岁，正读高中，是一个帅气的男孩，个子高高的，一副很有精神的样子。可他总是喜欢穿肥肥大大的衣服，裤子上还罗列着大大小小的洞洞，看起来很是另类。更引人注目的是，男孩在暑假里换了个发型，不但把头发染成了金黄色，而且把下面的头发都剃光了，只留头顶上一片，形状像个碗盖。第一次见他，被他这奇特的造型惊着了，其却面带得意地看着我问："怎么样？是不是特别引人注意？"我点头，问他："你为什么喜欢这样的发型？"他把头一仰说："因为和别人不一样啊，这叫与众不同！"

和别人不一样，叫与众不同。这话听起来好像有道理。生活中也会常常见到这样一些人，他们习惯穿着款式奇特、造型新潮、图案夸张的衣服，画着怪怪的妆容，走在大街上，很是吸引人的眼球，这的确很是与众不同。还有一些人，要么说话举止故意唱反调显得惊世骇俗，要么极力端着高高在上，以显示出与"凡夫俗子"不同的高雅和高贵。我的一个堂弟就喜欢跟人说反话。在我们家族的微信群里，只要大家说什么事好，他一定跳出来说不好，然后罗列一堆理由和证据。有一次，大家在讨论公交车上给老人让座的事，所有人都说，不管怎么样都应该给老人让座。堂弟自然是"反方"，一二三说得"言之凿凿"，一副好有道理的样子。可转身在另一个群里，面对同一件事，大部分人站在不应该给老人让座这一方，我想这回堂弟可找到"同盟军"了，没想到他一张嘴，竟与之前的说法截然不同，"你们凭什么说不该给老人让座？"然后又把我们家族群里大家说的理由，一字不差地搬过去驳斥别人。我忍不住想笑："这孩子到底是怎么想的呢？"他回答我的却是："我就是这么与众不同！"

这种和别人不一样，其实只是对"与众不同"的曲解。他们只截取了"与众不同"的皮表，却参不透"与众不同"的内涵。要知道，"与众不同"既不是靠绚丽、耀眼的外在造型博人眼球，也不是靠语不惊人，或不张口的桀骜不驯来彰显个性，这些顶多算作"哗众取宠"，或者说是伪装出来的"与众不同"，其目的仅仅是显示自己跟别人不一样。

真正的与众不同如静水深流，是根植于一个人的内心的。独特的思想、独特的见解、独特的品位和人生追求，自然而然会构建起与众不同的世界。纵然身着朴实无华的外衣，举手投足与常人无异，普通得如一粒扔进沙堆就无法和其他沙子区分开来的沙子，但他的内心世界是与众不同的，他的人生也会由此闪耀着光辉。

北宋杰出的政治家、思想家、文学家王安石一生成就卓著，他任宰相期间推行改革，实施变法，其影响深远，被列宁称为"中国11世纪的改革家"；他著书立说，被誉为"通儒"，创"荆公新学"，用"五行说"阐述宇宙生成，其哲学命题"新故相除"把中国古代辩证法推到了一个新的高度；他在文学方面的成就尤其突出，散文、诗词无不文采斐然，流传后世，王安石也因其才华卓著被后人列入"唐宋八大家"之一。

可以说，没有独特的见解和思想，没有与众不同的优秀，王安石是无法成此伟业的。但就是这么与众不同的人，从来不华服锦带，或者以出言不逊来彰显个性。相传，王安石上朝的时候穿着破旧的官服，居然被宋神宗看到其衣领上正在爬的虱子，由此可以看出王安石对衣着的不在意。不仅如此，王安石还滴酒不沾，不近女色，在那个士大夫都三妻四妾的时代，他却一生只有原配夫人吴氏一人。而且王安石不仅白天要忙于公务，晚上还要以青灯作伴，读经史、写诗文，可谓终日远离社交圈子，远离热闹，一直过着平静、淡然的日子。应该说，外在朴实无华、内在充盈强大的王安石，完美诠释了与众不同的真正内涵。

古人尚且能如此，我们为何不能着力于内心的修为和事业的追求，以此来实现有别于众人的外表呢？当我们在事业上做出卓越的成绩，取得成功的时候，那是自己有别于众人最有利的呈现。因为那时人们谈论的只会是成功者的事迹和令人赞叹的业绩，而不是去在意他穿什么与众不同的衣服，留什么与众不同的发型，看看马云就能知道。马云出现在众人眼里，不管是穿大褂，还是穿西装，人们关注的只会是马云，也不会因为他的穿着就否定他的与众不同。所以，唯有拥有深邃的思想、广博的学识、独特的个性，才能实现真正的与众不同。

因此，在平时工作中要多在专业领域下功夫，培养自己的专长，挖掘自己的潜能，让自己拥有与众不同的专业技能和从业经验，并坚持不懈地朝着内心制定的目标前进，相信最终会取得出众的业绩。至此，方算脱颖而出、与众不同。

特立独行并不意味着目空一切

朋友想介绍他的一个朋友给我认识。他说这个人不仅很有才华，而且有思想，经历也很特殊，是一个特立独行的人。比如，他早早辍学闯世界，做过很多工作，但多年来一直坚持着读书学习，尽管只有初中学历，但仍能通读政史哲，是个博学的人。他还写得一手好文章，多年来发表的文字逾百万字，分析事情也很有自己独到的见解和观点。不仅如此，他的思想超前，视野开阔，做事经常走在他人前面，在大家还不是很了解什么叫"包装策划"的时候，他创立了设计策划公司；在"心理咨询"还是个陌生的词汇的时候，他学习并拿到了心理咨询师的从业资格证，成为较早从事心理咨询工作的人。他的经历跌宕起伏，享受过成功者的荣光，也尝过失败后一无所有，连吃饭都成问题的窘迫。

听过朋友的一番介绍，我对和这个人见面充满了期待。在赴约的路上，朋友说了一句话："不过，特立独行的人都有傲骨，我这个朋友身上有很大的傲气。"我当时并没有在意这句话。可见了面，没聊上几句话，对方身上的那股傲气便呛得我没有了张口的欲望。

"我是个特立独行的人，特到什么程度呢？这么跟你说吧，上下五百年，才出一个我。"他做自我介绍时这样说。

"我做策划、做心理咨询都是顶尖的，但当那些庸人蜂拥跟在我屁股后面，和我做一样的事情的时候，我就放弃不干了。为什么？不愿同流合污。"他介绍自己的创业历程的时候，这样说。

"我最困窘的时候，全部资产只有9元钱，买一盒水饺解决了午饭，不知道晚饭怎么办。但是我毫不在意这种生活上的失意。我是圣人，是五百年造就的独一无二的豪杰，我会为吃喝拉撒这等俗事上心吗？"他说起自己的窘迫生活，脸上却是一副充满豪气的神情。

"我现在也没房子，车子也卖掉了，没有积蓄，所有实体也都关掉了。那都是俗物，我最大的财富在这里（指自己的脑袋）。我的思想才情没人可及，只可惜生不逢时，在这个不属于我的时代，没有人懂我……"

结束这次会面后，我没有了与他进行第二次交流的欲望。他的确很"特别"，可是我从他发表的言论里并不能看出他思想有多深邃和新锐，反倒是显得他自恋、自狂得有些惊世骇俗。他的经历的确"特立独行"，他走过的路，寻常人可能很难追随。可是，这种跌宕起伏折射出的，是他不成熟的心智、目空一切的狂傲，并非我们所追求的"特立独行"的真髓。

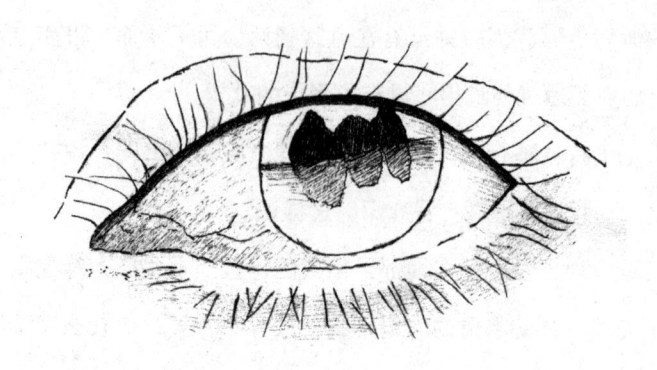

特立独行，绝不是目空一切的狂妄自大、漫无边际的自吹自擂、夸夸其谈的自我标榜。这些故作"独特"的姿态，说白了只是一种表演，而且只演出了"特立独行"中的"特"和"独"，距"立"和"行"还差得很远。而偏偏特立独行的真髓就在于"立"和"行"这两字上，"特""独"不过是修饰，"立""行"才是根本。花儿开得再热闹，若不结果，一切枉然；"独特"得再"超然脱俗"，立不住行不远，一切都是空谈。

所以，真正特立独行的人，并不会刻意在生活方式上、言谈举止上表现出另类、超脱世人之上的"新异"。更不会目空一切、妄自尊大，不会靠自我标榜去凸显自己的"独特"，以换得别人看似崇敬的目光。他们只做"内功"，怀揣着不甘平庸的梦想，脚下踩着的是真才实学铺就的与众不同的路，心里涌动着的是积极向上、创造不凡人生的激情。真正特立独行的人，他们有傲骨，但绝不流露于外；他们大多沉静、坚定、执着而不张扬地前行。尽管很多时候因为"独特"而不被周围人理解和接受，但他们也绝不目空一切、傲视周围的人，因为他们有属于自己的价值观，有自己的目标和追求。

　　他们知道，只有着力于"立""行"，一步步走出来一个独一无二的自己，才能一步步走向优秀、走向卓越。

可以有棱角，但不可锋芒毕露

我们年轻人刚入职场，都想着出人头地，想要抓住一切机会表现自己，这是完全可以理解的。但如果不分场合过分显露我们的"野心"，就会让同事和上司产生戒备心理，从而对我们处处提防。

我认识一位叫解晓的女强人，不仅精明能干，而且年纪轻轻便受到老板的重用。每次开会，老板都会询问她的意见，她呢，性格直率，自然是有什么说什么，所以在表达个人意见时，总是毫不给公司元老留面子。对此，很多级别比她高的领导便跟老板提了意见，而她一点也不在乎，认为自己做的一切都是为了公司，没有错，于是依然我行我素。

在工作的大是大非问题上，解晓本着"对事不对人"的原则，如果说这还可以理解的话，那么在与同事的日常相处中，处处抢占风头的做法就惹得同事有些厌恶了。但这一切解晓并没有意识到，因为在她看来，一切都是自己率真的性格使然。

解晓的观念也很前卫，虽然结婚几年了，但打定主意不要孩子。这本来只是件私事，但话传到老板耳朵中却变成了：解晓为了往上爬，连孩子都不生了。这个说法一时间传遍了整个公司，解晓也在一夜之间成了"当官狂"。此后，她发现，同事看她的眼神都怪怪的，好似有一道无形的屏障隔在了她和同事之间。解晓很委屈，想着自己并不是大家所想的那么功利，为什么大家看她都那么不屑？迫于公司流言，老板无奈之下，也只好把她"雪藏"，不再重用。

　　我了解解晓，其实她并非是目中无人的人，只是和普通女孩子不同，她性格直率，做事雷厉风行，为人处世也有些高调，不善于适时隐藏锋芒。只要与她相处久了，就会了解她是一个真性情的人，并非同事所想的那么功利。生活中为了事业而锋芒太露，却不注意平衡周围人心态的强势者，有像解晓这样的结果并不奇怪。

　　生活常识告诉我们，越是外表坚硬、有棱角的东西，其内在可能越柔软、温和，一如榴梿一样。其实，人也是如此，太多外表看起来粗糙、冷漠的人，当我们真正有机会走近他们的内心，了解他们的时候，我们就会发现对方有着一颗无比柔软而感性的心。就好比水果一样，拥有外在的坚硬，只是为了保护那颗柔软、易碎的心灵。

　　讲座时，我曾做过一次关于"关于特立独行的人，大家通常会用哪些词汇来形容？"的调查。

　　调查结果虽然众说纷纭、莫衷一是，但是可以归纳为以下一些词汇：沉默寡言、冷漠、刺头、标新立异、孤僻、另类、锋芒毕露、目空一切……

客观地说，这些词汇的确是特立独行的人具有的某些特性，但存在很大的误解和标签化。试着回想一下，生活中我们有没有接触过那种自己特别仰慕的大人物，那种不是徒有虚名，而是可以称为大师的人。不知道你们有没有过这样的体验：越是真正的大咖、大师级的人物，反而越没有架子，越容易亲近。

所以说，标签化是容易误导人的。我们能说这些大师不是特立独行的人吗？答案是毋庸置疑的。所谓的大师，正是他们在某个领域有着独特的见解，或者是普通人难以企及的艺术造诣，而这些成绩，是与大师的特立独行密不可分的。

这样分析下来，结论是不言而喻的，无论是"特立独行"，还是"与众不同"，其实更多的不是外在，而是内心。一切外在的假象，只是人为的标签化造成的。所以，我们在坚持自己与众不同的路上，切不可误入歧途。要知道，所谓的特立独行，并不是处处冒尖、锋芒毕露、出尽风头。

大师也好，任何一位优秀的人也罢，都是有自己独特的性格的，即，自己的个性，或者说是脾气，但凡事要把握一个度，一如前面所说的，外在的东西只是一种保护色，最重要的是修炼内心。

艺术大师徐悲鸿说过的一句话放在这里总结恰如其分："人不可有傲气，但不可无傲骨。"傲气是表面的骄傲，傲骨才是内心的特立独行。这也告诉我们，做人有棱角无可厚非，但是过于锋芒毕露则会伤人伤己，不是明智之举。想做一个与众不同的人，肯定是要有所坚守和保留的，但并不意味着可以放任自己的行为。

在独特与统一、坚持与妥协中自由切换

凡事有度，过犹不及。我们提倡质疑，但不等于要怀疑一切；我们追求自由，但要知道绝对的自由是不存在的；我们强调特立独行，但绝不能为了特立独行而"特立独行"。抛却外部环境、客观条件而一味地坚持"特立独行"，等于另一种盲目，即盲目独特、盲目坚持个性。这无疑是矫枉过正，从一个极端陷入另一个极端。

一个男孩子不愿意接受父母的安排，大学毕业后放弃小城舒适的生活，到北京寻求发展。但兜兜转转，他的境况一直不尽如人意。日子过得很是窘迫，吃方便面、住地下室，兜里没钱的时候，只能靠跟同学借债维持一日三餐。可他对自己说："我就是要走自己的路。不可轻易放弃，坚持就是胜利。"并用很多我们熟知的名人创业的成功史来激励自己，认为是金子就总会有发光的时候。但他的坚持既没有等来金子的发光，也没有迎来自己期望的胜利。由于长期饮食不规律，他患了严重的胃病，胃出血

时没能得到及时救治,因大量失血而晕倒在出租屋里。幸好被同屋的人发现,送往医院抢救。父母得知这一消息,从老家赶来,看到孩子瘦得脱了相,心疼得几次哭晕……

这份坚持自我的悲壮,让我想到了塞万提斯笔下的堂吉诃德。骑着一匹瘦弱的老马,戴着破了洞的头盔,拿着一支生了锈的长矛,堂吉诃德踏上了锄强扶弱的游侠之路。一路上他生活在幻想中,吃了不知道多少苦,受过不知道多少伤,甚至几次险些丧命,最后弄得一身病,辗转回了家乡。从此一病不起。堂吉诃德心怀梦想,可差点把命搭上。

如果健康和生命得不到保障,那何谈梦想、发展和成功呢?所以说,坚持自我、特立独行是需要结合现实以及自身实际情况,随时做出调整的。若现实情况和自身条件不允许,暂时的妥协也是必要的。一个内心强大的人,同时也会是心理弹性良好的人。能屈能伸,能进能退,是为智。若一味坚持,即使撞了南墙还不知道回头,僵硬地维护内心的自我,以求独特,这代价未免太大、太不明智了。一个人的身体若是伤了元气,日后再想有机会按照自己的意愿走自己的路的时候,恐怕也是心有余而力不足。

把握特立独行的度,还在于规避陷入"一意孤行"的旋涡中。很多时候,特立独行和一意孤行只是一步之遥。把握特立独行的度,其实很考验一个人的觉察力和判断力。特立独行不是我行我素、盲目向前,而是要时刻保持清醒的头脑,善听他人之言,随时调整自己的行进方向。毕竟,每个人看待事物都有自己特定的角度和思维。若能听一听别人从不同于自己的角度提出的意见和建议,就可以有效规避我们的盲点和死角,以此调整自己的方向和目标。

"听人劝吃饱饭",这既不是没有主见,也不是放弃自我,而是审时度势的变通和机智。所以,不要一味地为了坚持自我而坚持,为了特立独行而"特立独行"。当察觉到方向偏了、路选错了,要懂得及时回头、及时止损,这才是心智成熟、心理机制完善的表现。

独特与统一没有绝对的界限,要学会适时地与当时当地的人、事、物以及周围的环境相结合,随机而定,做到自由切换。入世是为了更好地出世,出世后也随时可以入世,这两者的选择权在自己心里。豁达从容,充满弹性,人生才能自在怡然,也定能收获事业上的成功。